垂钓

全民健身项目指导用书

庄惠惠　周颖◎主编

吉林出版集团股份有限公司　全国百佳图书出版单位

图书在版编目（CIP）数据

垂钓 / 庄惠惠，周颖主编. -- 2 版. -- 长春：吉林出版集团股份有限公司，2010.2(2024.8重印)
全民健身项目指导用书
ISBN 978-7-5463-2322-0

Ⅰ. ①垂… Ⅱ. ①庄… ②周… Ⅲ. ①钓鱼（文娱活动）－基本知识 Ⅳ. ①G897

中国版本图书馆 CIP 数据核字(2010)第 028324 号

全民健身项目指导用书

垂　钓

CHUIDIAO

主　　编　庄惠惠　周　颖
责任编辑　黄　群　杜　琳
封面设计　吕宜昌
开　　本　650mm × 960mm　1/16
印　　张　8
字　　数　30 千
版　　次　2010 年 2 月第 2 版
印　　次　2024 年 8 月第 4 次印刷

出版发行　吉林出版集团股份有限公司
地　　址　吉林省长春市福祉大路 5788 号
邮　　编　130000
电　　话　0431-81629968
电子邮箱　11915286@qq.com
印　　刷　三河市金兆印刷装订有限公司

书　　号　ISBN 978-7-5463-2322-0　　定　　价　39.80 元

序 言

自1995年我国政府推出《全民健身计划纲要》以来，我国群众性体育活动蓬勃发展，取得了显著的成绩。2008年，举世瞩目的北京奥运会的成功举办，极大地激发了亿万人民群众的体育热情，增强了全社会的体育意识，营造了浓厚的全民健身氛围。面对这样的可喜局面，群众体育科研、教学工作者应义不容辞地为社会实践服务，从不同角度思考，如何使普通百姓通过简而易行的身体锻炼方式、方法和手段达到良好的健身效果，达到拥有健康的目标，从而享受生活、享受快乐人生。该书系就是在这样的思想指导下诞生的。

本书系能够顺应国家体育的大政方针，掌握时代脉搏，对指导大众健身，使大众掌握健身方法和手段有很好的促进作用。

本书系图文并茂，实用性强，分为球类运动、体操健身运动、传统武术、冰雪运动、水上运动、体育舞蹈、休闲运动、格斗运动、民间体育活动和极限运动等十大类项目，计100分册，按照统一的体例，力争有所创新。每册的具体内容为该项目的起源与发展、运动保健、基本技术、运动技巧、比赛规则等，使读者在学习过程中，不仅能够学会运动健身的方法，同时还能够学到保健方面的基本知识。

经国务院批准，自2009年起，将每年的8月8日定为“全民健身日”。《全民健身项目指导用书》的出版，必将为开展全民健身活动起到积极的推动和指导作用。

目录 CONTENTS

目录 CONTENTS

第一章　概述

垂钓俗称“钓鱼”，是使用钓竿、鱼钩和钓线等工具，从江、河、湖、海及水库等处获取鱼类的一种活动。这种体育活动，可陶冶情操，有益健康，还可以把它作为医治神经衰弱和某些慢性病的辅助疗法。

第一节 起源与发展

垂钓活动高雅古朴，伴随着历史的进程延续下来，历数千年而不衰，日益为广大群众所喜爱。

起源

垂钓俗称“钓鱼”，在内陆淡水水域的开展由来已久，始于原始社会的渔猎，是人类的谋生手段之一。在我国，垂钓活动大约出现于旧石器时代。考古发现的距今四五十万年前的猿人遗址中就有各种鱼骨。我国古书《尸子》中有“燧人氏教民以渔”的记载。在郑州商朝早期遗址出土的器物中还发现了青铜制作的鱼钩。

发展

发展历程

商周时期，殷墟出土的甲骨文中的“渔”字，是我国最早的有关垂钓活动的文献记载。在辽宁抚顺、湖北江陵、河南陕县和广东徐闻等地，相继发现了战国时期的铁制鱼钩。秦汉时期，垂钓作为一种高雅的娱乐活动发展起来。隋唐时期，垂钓活动已成为人们文化生活的一个方面，渔具的制作技术也有了突破性进步。元、明、清时期是我国垂钓史上继往开来的时期，此时的垂钓活动开展得极为普遍。

20 世纪 50 年代以来，西欧一些国家把垂钓列为体育比赛项目。1952 年，国际垂钓运动联合会成立，并制订了竞赛项目和竞赛规则，定期举行世界垂钓锦标赛。目前，垂钓活动风靡全球，已成为许多国家旅游业的重要组成部分。

我国政府对垂钓活动也十分重视。1985 年 9 月 2 日，在北京市张家湾举行了我国第 1 届全国垂钓比赛，从此每年举行一次国家级垂钓比赛。此后，各省市也先后组织了不同规模的垂钓比赛，群众性的垂钓活动在全国各地蓬勃开展起来。

机构与赛事

（1）机构

世界垂钓运动联合会(C.I.P.S)于1952年2月22日在罗马成立；

中国垂钓协会成立于1983年9月，2003年加入世界垂钓运动联合会。

（2）赛事

世界淡水垂钓锦标赛，每年一届；

夏威夷国际垂钓锦标赛，每年一届；

全国垂钓锦标赛，每年一届。

发展趋势

（1）国内趋势

垂钓运动在我国历史悠久。在我国，垂钓运动更多的是一项休闲娱乐活动，以活跃广大垂钓爱好者的业余体育生活。

为更广泛地开展群众性体育活动，增强人民体质，推动我国社会主义现代化建设事业发展，1995年6月，国务院提出了《全民健身计划纲要》，号召全社会广泛开展全民健身运动。目前，全民健身运动在全国范围内蓬勃发展，具有中国特色的全民健身体系的框架已经初步形成。全民健身运动的开展，有利于提高人们的生活质量，丰富业余文化生活，促进社会进步，有利于加强社会主义精神文明和物质文明建设，提高我国的综合国力，振奋民族精神。

垂钓是一项男女老少皆宜的户外休闲娱乐活动，能够锻炼身体，磨炼耐性，还能陶冶情操，修身养性。据统计，目前我国有九千万人参与到垂钓运动当中，随着经济的发展，人们的生活水平逐渐得到提高，节假日越来越多，会有更多的人喜欢户外垂钓运动。

（2）国外趋势

垂钓运动充满趣味性，彰显智慧，格调高雅，有益身心，因此深受世界各地人们的欢迎。很多欧美国家在环保的大前提下，提倡开展人与自然相和谐的垂钓运动。此外，垂钓爱好者的渐趋年轻化，也是世界垂钓运动的发展趋势。各国的垂钓组织都加大了对新兴垂钓群体的培养，使得垂钓运动更是蓬勃发展，充满朝气。

第二节

场地和装备

广义的垂钓，从钓场的不同来看，有溪（河）钓、池（湖）钓、海钓之分；从钓法来分，有定点底钓、流水钓、亩（浮）钓、路亚钓和飞蝇钓等；从工具分，有手竿钓、海竿钓等；若要以对象来分，则更细数不尽。

场地

好的垂钓场地是垂钓比赛顺利进行的保障。

规格

比赛的场地长 100 米以上，宽 50 米以上。

要求

垂钓比赛场地要求 见图 1-2-1

(1)比赛场地以长方形或正方形水域为宜，钓位周围(包括水下)不得有影响垂钓的障碍物；

(2)比赛场地的水域应不受污染；

(3)比赛水域补充鱼量的投放时间距比赛时间不得少于 15 天；

图 1-2-1

（4）比赛水域应在比赛前 10 天停止垂钓，比赛前 5 天停止喂食。

手竿比赛场地

见图 1-2-2

（1）运动员钓位间距不少于 3 米，相向距离 40 米左右；

（2）水深以 2 米左右为宜；

（3）鱼的密度每 667 米 ^{2} 不少于 500 千克；

（4）水面距岸高以 1 米左右为宜。

图 1-2-2

抛竿比赛场地

见图 1-2-3

（1）运动员钓位间距应不少于 5 米，相向距离 150 米以上，若钓位单边排列，正前方不少于 50 米；

（2）水深不少于 2 米；

（3）鱼的密度每 667 米 ^{2} 不少于 300 千克；

（4）如无取鱼辅助措施，水面距岸高以 1 米左右为宜。

图 1-2-3

装备

选择适合的装备，可以更好的进行垂钓活动。

服装

见图 1-2-4

可穿着具有一定规格的钓鱼服，也可穿军绿色 M 形钓鱼背心，下身穿宽松休闲裤，头戴钓鱼帽或棒球帽，可根据季节变化增减衣物。

图 1-2-4

其他准备

(1)外出长时间垂钓应多带一点水，气温比较高时应多喝水，以防中暑，应带些常用药品如止血贴、风油精、正露丸和防暑药品等；

(2)垂钓的时候尽量不要向草丛、树木多的地方走，特别是晚上虫蛇出没多的时候，以防虫叮蛇咬，钓夜鱼最好带上杀虫水和蚊香；

(3)晴空万里的时候，太阳比较猛烈，紫外线比较强烈，钓友们应穿一些颜色比较浅的长袖衣服，撑防紫外线的钓鱼伞；

(4)通讯工具和钓灯要充好电，手机最好带备用电池，防止有突发情况和外界失去联系，如钓场较远，钓灯最好带一个备用；

(5)告诉家人或者熟人垂钓的详细地点和返回的时间，钓夜鱼最好有 3 个人以上。

第二章　运动保健

体育运动对增强体质、预防疾病和促进健康具有良好的作用。但是，并非所有人从事相同的运动都会达到同样的效果。对于同一种运动负荷，不同人机体的反应差异是很大的，即使同一个体，在不同时期、不同机能状态下，对同一负荷的反应及效果也是不一样的。因此，对于不同个体，应制定适合其机能需要的运动强度、时间、频率和持续周期。从事体育锻炼一定要讲究科学性，使机体最大限度地获得运动价值，使某些疾病得到有效的防治。

第一节 自我身体评价

自我身体评价是指根据个体的不同情况以及简单的功能评定标准，对锻炼者进行身体评价，并以此为依据，确定具体的锻炼内容。

适宜人群

体适能是全身适应性的一部分，是人体精神和体力对现代生活的适应能力。为了促进健康，预防疾病，提高生活质量和工作学习效率，几乎所有人都可以追求健康的体适能，而且经过简单的评价和测试，均可以成为目标人群，即适宜人群。

健康体适能评价标准

健康体适能是指身体有足够的活力和精力处理日常事务，而不会感到过度疲劳，并且还有足够的精力去享受休闲活动和应对突发事件。

健康体适能是确定锻炼者是否为运动适宜人群的主要依据。目前的评价标准主要包括国民体质测定标准、学生体质测定标准和普通人群体育锻炼标准等。

国民体质测定标准主要包括形态指标、机能指标和素质指标 3 个部分，各项指标的测定结果均为 1～5 分，共 5 个级别。凡各项指标达不到 4 分或 5 分者，均应被纳入健身人群。

学生体质测定标准分为优秀、良好、及格和不及格 4 个级别。优秀水平以下者，均应被纳入健身人群。

普通人群体育锻炼标准分为 5 个级别，凡达不到 4 分或 5 分者，均应被纳入健身人群。

简易运动功能评定

简易运动功能评定的目的在于确定运动对象有无运动禁忌症或临时运动禁忌的情况，即是否适合参加体育锻炼，以达到防备万一，避免意外事故发生的目的。目前通行的方式是 3 分钟踏台阶测试。

目的

测试锻炼者运动后心率恢复的情况，以评估其心肺功能。

器材 见图 2-1-1

30 厘米高的长凳、节拍器、秒表和时钟。

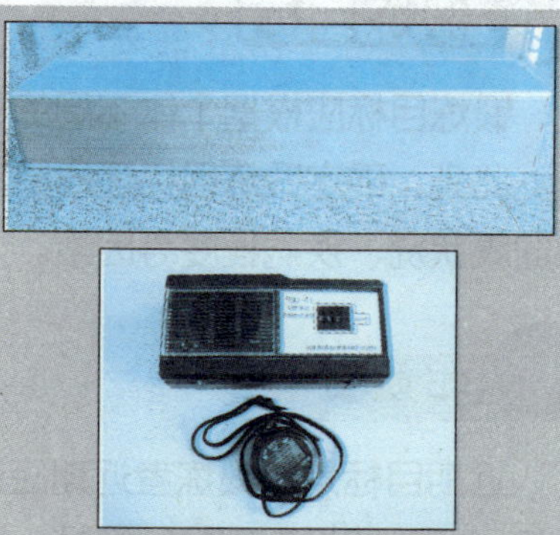

图 2-1-1

步骤 见表 2-1-1

(1)节拍器设定为每分钟 96 次，锻炼者依“上上下下”的节拍运动 3 分钟。

(2)锻炼者完成 3 分钟踏台阶后，5 秒钟内开始测量其脉搏，时间为 1 分钟，记录其心率，并依据下表评价其功能水平。

(3)运动后心率越低，证明其心肺功能越好。在运动强度允许的范围内，锻炼者可选择运动强度的较高值来进行运动。

表 2-1-1 3 分钟台阶测试评价表

	年龄(岁)	欠佳(次)	尚可(次)	一般(次)	良好(次)	优异(次)
男士	18~25	>115	105~114	98~104	89~97	<88
	26~35	>117	107~116	98~106	89~97	<88
	36~45	>119	112~118	103~111	95~102	<94
	46~55	>122	116~121	104~115	97~103	<96
	56~65	>119	112~118	102~111	98~101	<97
	65+	>120	114~119	103~113	96~102	<95
女士	18~25	>125	117~124	107~116	98~106	<97
	26~35	>128	119~127	111~118	98~110	<97
	36~45	>128	118~127	110~117	102~109	<101
	46~55	>127	121~126	114~120	103~113	<102
	56~65	>128	118~127	112~117	104~111	<103
	65+	>128	122~127	115~121	101~114	<100

注意事项

如受试者经过努力仍无法完成测试，或出现头晕、胸闷、出冷汗等症状，应终止测试。运动中应特别考虑运动强度，以防出现意外。

锻炼目标

锻炼目标应根据个体不同的身体状况来确定，可分为近期目标和远期目标。此外，确定锻炼目标还应结合锻炼者的运动意向、愿望和兴趣以及本人的健康状况、疾病程度等因素。

近期目标

近期目标是指锻炼者近期应达到的目标。在进行运动之前，应首先明确锻炼目标，即近期目标。选择一两个健康体适能构成要素，作为未来两个月内努力完成的目标，而且应从成功概率较高的构成要素开始，并将预期两个月后要达到的目标做上记号，如提高某个或某些关节的活动幅度，增强某个肌肉群的力量等。

远期目标

远期目标是指锻炼者最终要达到的目标。实践证明，经过科学合理的锻炼后，锻炼者是可以达到一般的远期目标的，如提高心肺功能，使其达到优秀的等级，或达到降血脂、防治高血压和冠心病的目的等。

运动负荷

运动负荷即运动量。怎样控制运动量，合适的运动时间是多少等，一直是人们争论不休的问题。但有一点是可以肯定的，那就是任何有关身体活动的意见和建议，都需要综合考虑锻炼者的身体状况和所要达到的目标，并以此为依据来制订科学的身体锻炼计划。

运动强度

运动过程中，运动强度过小，达不到锻炼的效果；运动强度过大，不仅达不到最佳的锻炼效果，还可能产生一些副作用，甚至出现意外事故。确定运动强度有两种方法。

心率简易推测法

(1)年龄在 20 岁左右的年轻人，身体健康，能坚持体育锻炼，欲进一步提高身体机能，可取最大心率值(最大心率值 =220 − 年龄)的 65%～85%。

(2)年龄在 45 岁以下，身体基本健康，有运动习惯者，开始进行健身锻炼，可取最大心率值的 65%～80%，没有运动习惯者，开始进行健身锻炼，可取最大心率值的 60%～75%。

(3)年龄在 45 岁以上，身体基本健康，有运动习惯者，开始进行健身锻炼，可取最大心率值的 60%～75%，没有运动习惯者，建议根据自身情况咨询专业人员来指导和确定运动强度。

主观感觉疲劳分级表推测法

见表 2-1-2

运动的疲劳程度大致分为 10 级，具体为：0～1 级，没感觉；2～3 级，尚轻松；4～5 级，稍累；6～7 级，累；8～9 级，很累；10 级，精疲力竭。因此，健身锻炼的运动强度应控制在主观感觉疲劳程度的 4～7 级。

表 2-1-2 主观感觉疲劳分级表

0 轻松	•	2 尚轻松	•	4 稍累	•	6 累	•	8 很累	•	10 精疲力竭

运动频率

运动频率是指每日及每周锻炼的次数。一般每周锻炼 3～4 次，即隔日锻炼 1 次即可。有充足的休息时间，可使身体得到充分的休息，收到更好的锻炼效果。

运动持续时间

运动强度和运动持续时间，决定了一次锻炼的运动量和热量消耗。运动持续时间与运动强度成反比，运动强度大，运动持续时间可相应缩短，运动强度小，则运动持续时间应相应延长。

一般的健身锻炼，运动持续时间以每天 20～60 分钟为宜，其中包括准备活动时间、健身锻炼时间和整理活动时间。每次健身锻炼应在 20 分钟以上，锻炼可一次性完成，也可分段进行，但每段的活动时间应在 10 分钟以上。

第二节 运动价值

运动价值一直是人们探讨的问题，一般认为运动具有两方面的价值，即健身价值和心理价值。身体和精神的健康是相互依存的，伴随着身体功能的改善，精神状况逐渐也能同时得到改善。

健身价值

健身价值在于提高体适能。体适能包括心肺耐力素质、肌肉力量素质、柔韧性素质和身体成分等。体适能的发展是积极从事锻炼的结果，只有规律性的体育锻炼才能达到最佳的体适能。

提高心肺耐力素质

心肺耐力是指全身肌肉进行长时间运动的持久能力，是体内心肺系统对身体各细胞的供氧能力。人体的心脏、肺、血管、血液等组织的功能是心肺耐力的基础，它们与氧气和营养物质的输送以及代谢物的清除有关。健全的心肺功能是健康的基本保证。

系统的体育锻炼，可以使心肌增厚，收缩力加强，心室容积增大，从而使心脏的泵血功能增强，表现为心血输出量增加。

系统的体育锻炼，呼吸系统机能也将得到提高，表现为呼吸肌的力量增强，肺活量、肺通气量明显增加，保证对机体供氧的能力。

系统的体育锻炼，可以促进血管系统的形态、机能和调节能力产生良好的适应力，从而提高机体的工作能力。

系统的体育锻炼，可以使血液系统产生某些适应性变化，如血容量增加、血黏度下降、红细胞膜弹性增强和红细胞变形能力增强等。

提高肌肉力量素质

肌肉力量是指肌肉最大收缩产生的对抗阻力或负荷的能力。肌肉力量只有达到一定的程度，才能克服外界阻力，而克服外界阻力是维持日常生活自理、从事各种劳动和运动的必要前提。

系统的体育锻炼，可以提高肌肉的生理横断面积，可以改善神经系统对肌肉收缩的支配功能，还可以提高肌肉内代谢物质的储备量，使肌肉力量得到提高。

提高柔韧性素质

柔韧性是指人体各关节的活动幅度，即关节的肌肉、肌腱和韧带等软组织的伸展能力。柔韧性对于保证正常生活质量、维持正常体态、预防损伤发生和减轻损伤程度等方面均起到至关重要的作用。

系统的体育锻炼，还可以延缓因年龄因素而导致的柔韧性下降，预防因缺乏运动而导致的关节结构、周围软组织和膝关节肌肉退化，从而使锻炼者的日常生活、劳动和运动等更加充满活力。

改善身体成分

身体成分是指人体体重中的脂肪组织和去脂组织的重量百分比。身体成分中的脂肪成分增加，肌肉成分必然下降。身体中不具备收缩功能的脂肪组织增加，必然导致身体进行各种活动的能力下降，基础代谢水平降低，肥胖症、冠心病、高血压、糖尿病、高血脂等慢性疾病发病率的提高。因此，身体成分是保证人体健康的重要内容之一。

通过系统的体育锻炼，随着锻炼者体质的增强，热量消耗便随之增加，进而燃烧掉体内多余的脂肪，使身体成分得到改善。而身体成分的改善，又可以减少体重对关节可能带来的不利影响，还可以使肥胖者的心理状况得到改善，增强其自信心，使其逐步建立起健康的生活方式。

心理价值

研究证明，有规律的体育锻炼不但可以使锻炼者增强体质、促进身体健康、预防一些慢性疾病，还可以提高锻炼者的生活满意度和生活质量，对其心理健康产生积极影响。

体育锻炼的心理健康效应主要表现在六个方面：

改善情绪状态

短期效应

研究发现，体育锻炼对人的情绪状态具有显著的短期效应。运动后人们的焦虑、抑郁、紧张和心理紊乱等症状会明显减轻，而精力和愉快程度则会明显增强。而且这种情绪的迅速变化，与锻炼者个体的健康状况、活动形式和活动强度等有着直接的联系。

长期效应

体育锻炼对人情绪的长期效应有着直接的影响，与不锻炼者相比，有规律的锻炼者在较长时期内很少会产生焦虑、抑郁、紧张和心理紊乱等情绪。

完善个性行为特征 见表 2-2-1

人们的行为特征一般可以分为两种类型，用 A 型行为特征和 B 型行为特征来表示。A 型行为特征主要表现为性情急躁、争强好胜、容易激动、整天忙碌和做事效率高等。B 型行为特征主要表现为不好竞争、不易紧张、不赶时间、对人随和、喜欢自由自在等。具有 A 型行为特征的人由于过度紧张的情绪反应，会引起内分泌失调，增加心脏病发病的概率。目前的一些研究主要集中在体育锻炼对改变 A 型行为特征的作用方面。研究结果表明，有规律的体育锻炼能明显改变 A 型行为特征。

表 2-2-1 A、B 型个性行为特征常见表现

A 型行为特征者常见表现	B 型行为特征者常见表现
约会从来不迟到	对约会很随便
竞争意识很强	竞争意识不强
别人要讲话时总爱抢先或插话	是别人讲话时很好的听众
总是匆匆忙忙	即使有压力也从不匆忙
等待时缺乏耐心	能够耐心等待
干事时全力以赴	处事漫不经心
同时想干很多事	在一段时间里只干一件事情
讲话喜欢用加强语气，甚至敲桌子	讲话语速缓慢、不慌不忙
做了好事希望能得到别人的认可	只要自己满意即可，不管别人怎样想
吃饭、走路都很快	做事情很慢
不善与人相处	为人随和
容易暴露自己的感情	能控制自己的感情
具有广泛的兴趣	没什么业余爱好
雄心壮志	满足于目前的工作和学习状况

确立良好自我概念

自我概念是指个体对自己身体、思想和情感的主观整体评价，它由许多自我认识组成，包括我是什么人、我主张什么和我喜欢什么等。

坚持体育锻炼，可以使锻炼者体格强健、精力充沛、提高驾驭身体的能力，从而改善对自身的满意程度，确立良好的自我概念。

改变睡眠模式

根据脑电图的显示，人的睡眠可以分为两种状态，即慢波睡眠状态和快波睡眠状态。前者为浅度睡眠状态，后者为深度睡眠状态。一夜之间两种睡眠状态会交替发生 4～5 次。

有规律的体育锻炼不仅对慢波睡眠有促进作用，而且能缩短入眠的潜伏期，并延长睡眠的时间。

改善认知能力

体育锻炼还能改善人的认知过程，避免反应时间过长、注意力不集中和思维混乱等症状的发生，尤其对老年人的认知能力改善效果更为明显。

增加心理治疗效应

体育锻炼被公认为是一种心理治疗的好方法。目前人群中常见的心理疾患是抑郁症和焦虑症。研究发现，体育锻炼是治疗抑郁症的有效手段之一，抑郁症患者经过有规律的体育锻炼，抑郁症状能明显减轻。

体育锻炼还具有治疗焦虑症的作用，通过有规律的体育锻炼，可以使锻炼者的焦虑症状明显改善。

第三节 运动保护

在运动过程中，人体机能会随时发生变化。因此，应针对这种机能变化的特点来进行体育锻炼，也就是我们所说的运动保护。运动保护一般包括运动前准备、运动后放松和自我养护三个方面。

运动前准备

准备活动是指在正式运动之前进行的有目的的身体练习。做好充分的准备活动，可以缩短机体进入最佳状态的时间，同时还可以预防运动损伤的发生，为机体发挥最大的工作效率做好功能上的准备。

准备活动的作用

提高中枢神经系统兴奋状态

（1）使大脑反应速度加快，参加活动的运动中枢神经相互协调。

（2）为正式运动时生理机能达到适宜程度提前做好准备。

提高机体代谢水平

（1）准备活动可以使锻炼者体温升高，降低肌肉黏滞性，使肌肉的伸展性、柔韧性和弹性增强，从而有效预防运动损伤的发生。

（2）准备活动可以增强体内代谢酶的活性，使物质代谢水平提高，以保证运动时有较充分的能量供应。

克服内脏器官生理惰性

（1）准备活动可以提高心血管系统和呼吸系统的机能水平，使肺通气量及心血输出量增加。

（2）可以使心肌和骨骼肌的毛细血管扩张，使其工作肌获得更多的氧，从而克服内脏器官的生理惰性，使之尽快达到最佳状态。

增加皮肤毛细血管的血流量

准备活动可以使皮肤毛细血管的血流量增加，运动后毛细血管扩张，有利于散热，降低体温，有效防止开始正式活动时由于体温过高而影响运动能力。

准备活动要求

准备活动时间

（1）准备活动的时间可以根据运动项目的具体情况确定，一般以 10～30 分钟为宜。

（2）准备活动与正式运动的间隔时间，一般以不超过 15 分钟为宜，可以在做完准备活动后立刻进行正式运动。

准备活动强度

(1)准备活动的强度和量应较正式运动小，以免引起不必要的疲劳。

(2)准备活动的量可以由心率来决定，心率以 100～120 次 / 分为宜。

准备活动内容

一般性准备活动

一般性准备活动的内容多以伸展运动开始，然后进行一般性的跑步、徒手体操等活动。

下面介绍一套常用的一般性准备活动操，供锻炼者运动前使用。这套活动操主要包括头部运动、肩部运动、扩胸运动、体侧运动、体转运动、髋部运动和踢腿运动等。

头部运动

头部运动的动作方法(见图 2–3–1)：两手叉腰，两脚左右开立，做头部向前、向后、向左、向右，以及绕环运动。

图 2–3–1

肩部运动

肩部运动的动作方法（见图 2-3-2）：手扶肩部，屈臂向前、向后绕环，以及直臂绕环。

图 2-3-2

扩胸运动

扩胸运动的动作方法（见图 2-3-3）：屈臂向后振动及直臂向后振动。

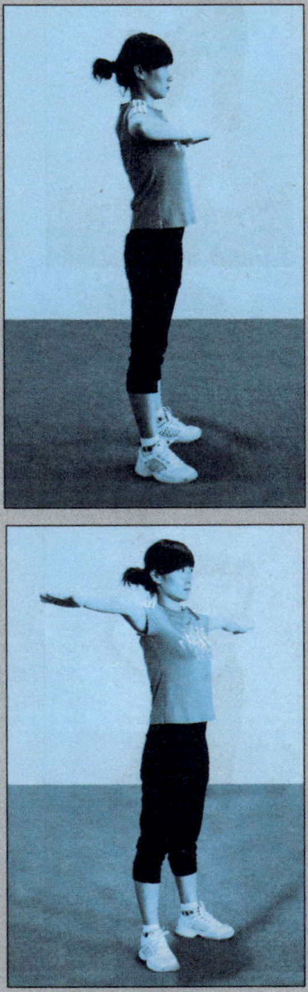
图 2-3-3

体侧运动

体侧运动的动作方法（见图 2-3-4）：两脚左右开立，一手叉腰，另一臂上举，并随上体向对侧振动。

体转运动

体转运动的动作方法（见图 2-3-5）：两脚左右开立，两臂体前屈，身体向左、向右有节奏地扭转。

髋部运动

髋部运动的动作方法（见图 2-3-6）：两脚左右开立，两手叉腰，髋关节放松，向左、向右 360 度旋转。

踢腿运动

踢腿运动的动作方法(见图 2–3–7)：两臂上举后振，同时一腿向后半步，重心置于前腿，两臂下摆后振，同时向前上方踢腿。

图 2–3–4

图 2–3–5

图 2–3–6

图 2–3–7

专门性准备活动

专门性准备活动的动作方法、节奏和强度等与正式锻炼相似，目的是使人体主要肌群在运动前得到动员，为正式锻炼做好准备。

运动后放松

运动后放松是指运动之后所进行的一些能够加速机体功能恢复的、较轻松的身体活动。与运动前准备活动相反，其目的是使锻炼者的生理机能水平逐步得到恢复。

放松方法

运动性手段

(1)运动结束后，锻炼者可采用变换运动部位的方法来消除疲劳，如上肢出现疲劳时可做一些慢跑运动，下肢出现疲劳时可做一些上肢运动。

(2)转换运动类型也是一种不错的放松方法，如打羽毛球出现疲劳时，可从事瑜伽运动来达到放松的目的。

(3)还可以用调整运动强度的方法来缓解疲劳，如可以在放松过程中，采用小强度的轻微运动方法等。

整理活动 见图 2-3-8

(1)整理活动是指运动后所做的一些能够加速机体功能恢复的身体活动，如剧烈运动后进行 3～5 分钟慢跑或其他整理活动，使身体机能得以恢复。

(2)剧烈运动后如不做整理活动而骤然停止动作，会影响氧气的补充和静脉血的回流，使机体血压降低，引起不良反应。

图 2-3-8

注意事项

（1）在进行整理活动时动作应缓慢、放松，运动量不要过大，否则会引起新的疲劳。

（2）在进行整理活动时，应当保持心情舒畅、精神愉快。

自我养护

锻炼后，锻炼者感觉身体疲劳是一种正常的生理现象，是体育锻炼过程中的正常反应，随着体育锻炼时间的延长，疲劳症状会自然消失。运动性疲劳出现后，锻炼者如果采用一些自我养护措施，可以加速身体机能的恢复，尽快消除疲劳，提高锻炼效果。常见的自我养护方法主要包括运动后休息、合理营养和物理手段等三种。

运动后休息

静止性休息 见图 2-3-9

（1）静止性休息是指锻炼者运动后保持机体相对的静止状态，以促进身体机能的恢复，尽快消除疲劳。

（2）静止性休息的最佳方式之一是睡眠，特别是刚开始从事锻炼者，身体不适应或疲劳症状明显时，更应该保证足够的睡眠，否则，锻炼者虽然积极参加了体育锻炼，但收效甚微，甚至会导致过度疲劳症状的发生。

（3）静止性休息更适合于消除全身运动导致的整体疲劳症状。

图 2-3-9

积极性休息

见图 2-3-10

（1）积极性休息更适合由于少量肌肉群参与工作而导致的局部疲劳，或运动强度较大而导致的快速疲劳。

（2）积极性休息可以加速血液循环，有利于代谢物排出体外，对促进身体机能的恢复具有明显的效果。

图 2-3-10

合理营养 见图 2-3-11

小强度、长时间的运动形式，主要是靠糖原的有氧代谢提供能量。运动后应及时补充淀粉类食物，如面粉、大米等，以促进消耗糖原的合成。随着人民生活水平的提高，在饮食结构中，肉类食品的比重不断增加，而淀粉类食品的比重逐渐减少，这一现象应当引起人们的注意，特别是老年人参加体育锻炼，更应注意对淀粉类食物的补充。

图 2-3-11

强度较大、时间又相对较长的运动形式，主要是靠糖原的无氧代谢提供能量。这样，糖原无氧代谢产物——乳酸便会在体内大量堆积。因此，运动后应多补充蔬菜、水果等碱性食品，以加速乳酸的清除，达到尽快消除疲劳的目的。

物理手段

按摩及牵拉 见图 2-3-12

(1)通过刺激神经末梢、皮肤结缔组织和毛细血管的按摩方法，可以使紧张的肌肉得以放松，从而改善局部组织和全身的血液循环，达到促进身体机能恢复的目的，这种方法可以在锻炼后马上进行。

(2)此外，还可以采取缓慢牵拉肌肉的方法，使收缩的肌肉得到充分的伸展放松。

水疗及电疗

(1)水疗包括芬兰式蒸汽浴、热水浴和桑拿浴等多种形式，主要作用是通过提高体温，促进血液循环，清除代谢物，以达到尽快消除疲劳、恢复体力的目的。

(2)水疗的时间一般以不超过 30 分钟为宜，如果时间过长，会进一步消耗体力，严重时甚至会出现暂时性脑缺血现象。

(3)如果条件允许，还可对疲劳的肌肉进行低频治疗。低频治疗仪的原理是模拟针灸疗法，使用时将电极用不干胶对称地粘贴在运动部位表皮上。这种疗法可以促进局部血液循环，改善组织代谢，缓解肌肉酸痛，消除疲劳。

图 2-3-12

第三章　钓鱼用具

钓具是垂钓者进行垂钓活动必不可少的工具，每个垂钓者都可以选择自己喜欢的钓具。随着科学技术及垂钓技术的不断提高，钓具也进行了改进。

钓具主要由钓竿、钓线、钓钩、坠子、浮漂及一些辅助工具组成。

第一节 钓鱼竿

钓鱼竿是垂钓最重要的工具之一。钓鱼竿是组合、连接钓线、鱼钩、坠子和鱼漂的决定性构件。同时，它与投甩、收线、放线又有着直接联系，因此，钓鱼竿的优劣对垂钓收获情况至关重要。一把称手的钓鱼竿，最基本的标准和要求是细、直、长、轻、韧和有弹性。只有同时符合这六大标准，它才能承受得住远距离、不同鱼的拉力和垂力的考验。

钓鱼竿

根据垂钓方式的不同，钓鱼竿分为手竿、海竿及手海两用竿。

手竿

手竿主要是指不安装绕线轮的钓竿，一般用于淡水垂钓，它分为玻璃纤维手竿、碳素手竿及竹制手竿。

玻璃纤维竿 见图 3-1-1

(1)优点是弹性好，耐用，轻巧方便；

(2)缺点是承受力不够，容易断裂。

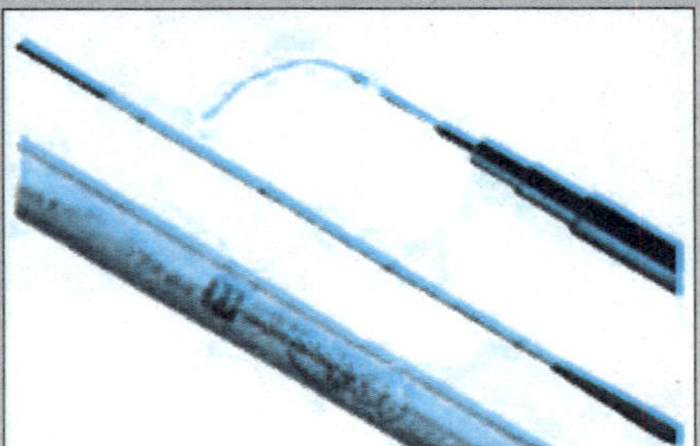

图 3-1-1

碳素纤维竿 见图 3-1-2

(1)优点是重量轻，弹力好，抗负荷力大，韧性强，竿身细，手感好；

(2)缺点是易导电，价格昂贵。

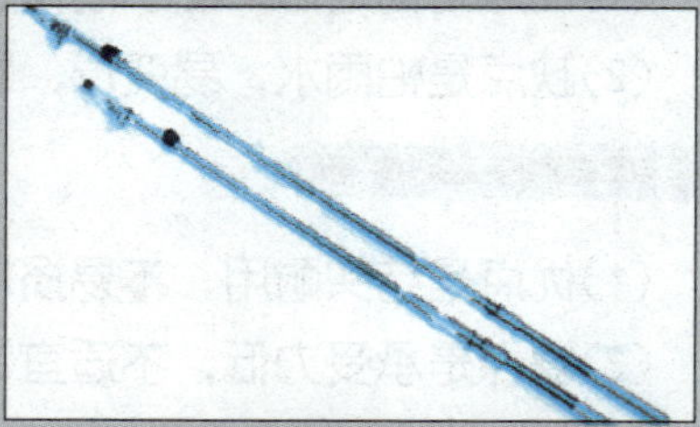

图 3-1-2

竹制纤维竿 见图 3-1-3

(1)优点是韧性好，便于制作，经济实惠；

(2)缺点是怕雨水，易变形、爆裂，体积大，不便于携带。

注：A 是一节的独竿；

B 是 2-20 节的钓竿；

C 是竹制式投竿。

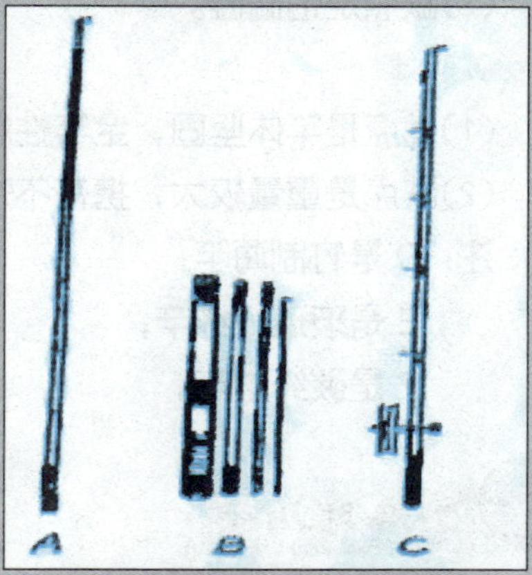

图 3-1-3

海竿 见图 3-1-4

海竿的每节竿体上都装有金属或陶瓷导线管眼，竿柄安有固定绕线轮的卡子，每竿的长度从 0.7 到 5.1 米不等，主要用于抛远垂钓。它分为竹制、玻璃纤维制和碳纤维制三种。

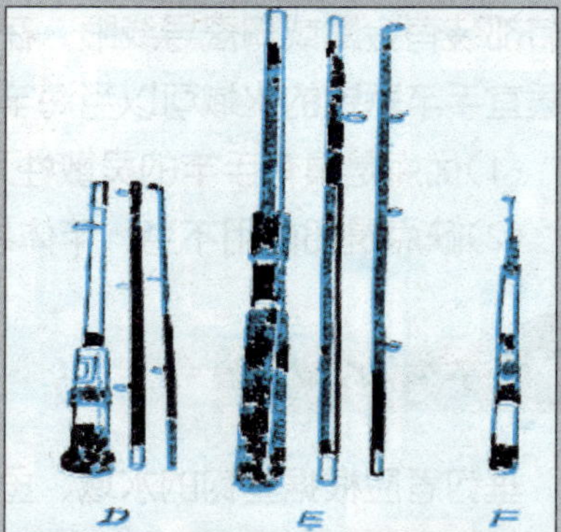

图 3-1-4

竹制海竿(插接式海竿)

(1)优点是韧性好，便于制作；

(2)缺点是怕雨水，易变形、易折断，不便于携带。

玻璃纤维海竿

(1)优点是结实耐用，不易损坏，成本低；

(2)缺点是承受力低，不适宜钓大鱼。

碳纤维海竿

空心竿

(1)优点是重量轻，体积小，便于携带；

(2)缺点是怕磕碰。

实心竿

(1)优点是竿体坚固，全竿性能较好，一般不怕磕碰；

(2)缺点是重量较大，携带不方便。

注：D 是竹制海竿；

E 是玻璃纤维竿；

F 是碳纤维竿。

手海两用竿

一般为拉杆式，长度在 5.1～7.1 米，竿柄处可以安装绕线轮，竿体上每节都装有金属或陶瓷导线眼，在不适宜投竿垂钓的水域可以当手竿用，在不适宜手竿垂钓的水域可以当海竿使用。

(1)优点是具有手竿的灵敏性又有投竿的收放线的优点；

(2)缺点是如使用不当，竿体易折断。

竿体的选择

垂钓者应根据垂钓的水域、鱼类、垂钓方法选择相应的钓竿，选竿时应注意以下几项内容。

竿体

竿体不能有虫眼、裂纹、烤焦和磕碰的痕迹，竿口处缠线要均匀，钓竿各节连接后，全竿挺直、浑然一体。

竿口

各节插接处不要过浅或过深，插接口要磨缝均匀，紧密咬合，不允许有旷量。插接后，竿体应挺直。

竿体受力度

当钓竿挂上重物后，整支钓竿各节受力应当均匀，呈现自然弯曲状态。

第二节 钓鱼钩

鱼钩的种类很多，从大的方面说：有用于生产的捕捞钩和开展钓鱼活动所用的娱乐钩，还有造型奇特的拟饵钩。鱼钩的大小规格，我国以前是根据鱼钩的尺寸命名，现在大都是用数字编号来确定大小，但编号的方法极不统一，所以钓手在选购鱼钩时要参照实物选购。

鱼钩部位名称及功能

在垂钓渔具中，鱼钩是鱼直接接触的构件，处于要害部位。一个完整的鱼钩由以下几部分构成：柄头、钩柄、钩弯（前弯和后弯）、钩尖、钩门和钩底。不同形状的鱼钩，适合钓不同种类的鱼（见图 3-2-1）。

柄头

又称钩轴，是指钩柄的最上端部分，它唯一的作用是防止绑好的钓线滑脱。柄头有直扁头、侧扁头、圆头等多种形状，都要求其厚薄均匀，边缘应有一定厚度，否则薄似刀口，容易割断钓线。

注：A 钩尖，B 倒刺，C 前弯，D 钩底，E 后弯，F 钩把，G 钩柄，H 钩腹。

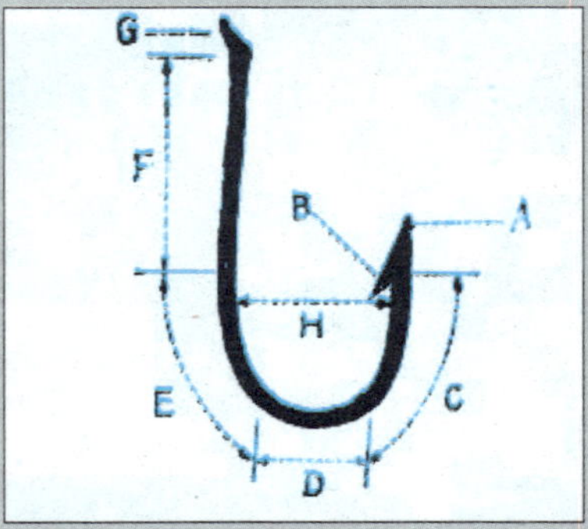

图 3-2-1

钩柄

又称钩把，是从柄头到钩弯处的一段，上端用于绑线。钩柄有长有短，长钩把适合挂蚯蚓、虫饵等长形饵，用于垂钓吞食凶猛的鱼类。钩柄长可使钓钩刺得更深，且不易跑鱼，又方便摘钩；用面饵、米饭粒等小颗粒饵施钓，宜选用短钩柄的鱼钩。

钩弯

鱼钩的弯曲部分，主要作用是能将鱼牢牢地钩住，同时可以在一定程度上减轻鱼对钩的拉力。钩弯会因钩形不同而有差异，有圆形、方形、流线型、下斜形等，角度设计合理的钩弯能增强鱼钩的抗拉强度。

钩尖

因为它最先作用于鱼嘴，所以要求鱼钩的钩尖必须锋利，秃钝的钩尖或虚尖是无法将鱼钩牢的。有的钩尖内侧有倒刺，倒刺的翘度不可过大，也不可过小，倒刺在钩尖的 1/3 处比较合适，有倒刺钩的穿刺速度不及无倒刺钩，不过一旦被刺中，鱼将很难挣脱。

钩门

又称钩口，是钩尖到钩柄之间的距离。钩门宽窄与钩形大小是成正比的，一般钩号越大钩门越宽，宽钩门的鱼钩适合钓嘴大的鱼，窄钩门的鱼钩适合钓嘴小的鱼。

钩底

又称钩深，是钩弯底部到钩尖的深度，它可以分担鱼对钩尖的拉力。钩底的深浅也很有讲究，过深、鱼难以吞入口腔；过浅，容易跑鱼。

鱼钩的特点

(1)钩柄。分为圆形、平板形、矛尖形、倒钩形、钩形、锯齿形、圆环形和撞木形八种，具有防止绑钩线脱落的作用(见图3—2—2)。

注：A 圆形，B 平板形，C 撞木形，D 矛尖形，E 倒钩形，F 钩形，G 锯齿形，H 圆环形。

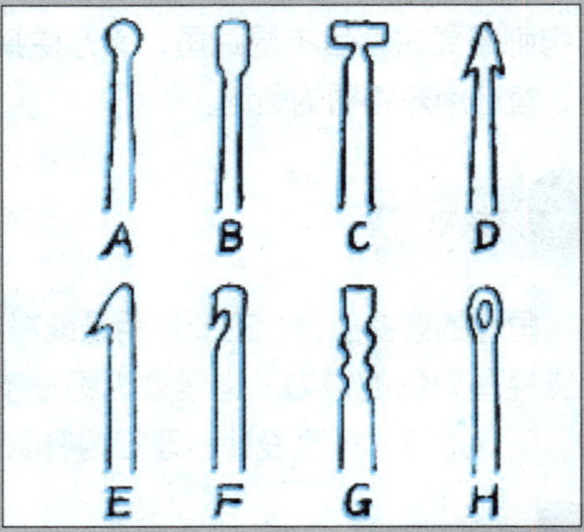

图 3—2—2

(2)钩把。是钓钩的轴，上端绑线。

(3)前弯、后弯和钩底的长短大小组成了钓钩的钩形，决定了钓钩受力的均衡程度。

(4)钩尖、倒刺，鱼吃饵时刺入鱼嘴并防止鱼脱钩。

(5)钩腹有宽窄之分，宽的适用于嘴大的鱼，而窄的则适用于嘴小的鱼。

鱼钩的选择

(1)观看鱼钩的外表。鱼钩一般有黑、白、金三种颜色，不论哪种颜色都要求色泽明亮、钩身密致光亮。

(2)淬火程度。淬火是决定鱼钩的软硬度。淬火不够，钩身软，鱼儿一拉就直，淬火过度，钩身太脆，一掰就断。优质的鱼钩应该是钩柄能推动，松手后，它又随手复位，表现出良好的弹性，另外，也要有较强的硬度。

(3)钩尖锋利、倒刺位置适当。鱼钩除了特意制成的扁嘴钩外，钩尖要端正，不要过分的外翻内扣，钩尖锋利、不秃不虚。倒刺上下位置适当，上不靠尖，下不卧底，倒刺翘裂的角度一般与钩尖呈 45 度角较合适。

(4)选钩要本着大鱼用大钩、小鱼用小钩的原则。

第三节

钓鱼线

钓鱼线主要包括主线和支线。主线是连接钓竿和绕线轮的线，支线是连接钓钩的线。

钓鱼线的种类

钓鱼线种类较多，按制作材料可分为金属线、锦纶线和尼龙线等。

金属线

(1)优点是结实耐磨；

(2)缺点是制作程序复杂，价格昂贵；

(3)作用是连接钓钩(长度一般为 30～40 厘米)，用来钓牙齿锋利的大型鱼类。

锦纶线

(1)优点是拉力大，耐磨，不怕挤压，柔韧性好，伸缩性小；

(2)缺点是不透明，水中阻力大；

(3)作用是连接钓钩。

尼龙线

(1)优点是直径小，拉力大，色泽好，柔软挺直不打结，不霉变，不粘水，透明性好，阴影小，隐蔽性好；

(2)缺点是受硬物挤压易变形或出现硬伤容易断，长期使用易老化；

(3)作用是连接钓钩。

钓鱼线的粗细与钓力

钓鱼线的优劣、粗细和色差是引诱鱼上钩的重要因素之一，要钓好鱼，钓线要细而牢，能承受较大的拉力，还要有隐蔽性。钓鱼线的粗细与钓力成正比，一般用“磅”(拉力大小)和断面直径两种计量标准表示。

钓鱼线选配与保养

我国古代垂钓素有“细其线，芳其饵”之说，可见垂钓者从古至今都认为钓鱼线重要。选择钓鱼线具有很大的学问，保养钓鱼线同样也是一门学问，只有充分因地制宜地做好前期准备工作，选好钓线，才能钓到大鱼，真正体验垂钓的乐趣。

钓鱼线的选配

手竿钓鱼线 见表 3-3-1

宁细勿粗，依季节变化选择 。

表 3-3-1 钓鱼线选配表

季　节	鱼活动范围	钓鱼线粗细	钓鱼线直径(mm)
夏秋季节	大	粗	0.3
仲春和晚秋	相对小	较细	0.2 ~ 0.25
初春和初冬	小	细	0.15 ~ 0.2
冰钓	小	细	0.15 ~ 0.2

海竿钓鱼线

一般使用直径 0.3～0.4 毫米的钓鱼线为宜。

钓鱼线的保养

(1)垂钓时不要踩线；

(2)垂钓后将线用清水洗净，不要曝晒；

(3)如有损伤或不顺的地方立即剪断换线；

(4)切勿与腐蚀性化学药品放在一起。

第四节
鱼坠

鱼坠也是垂钓中的必备工具之一，鱼坠又叫沉子、铅坠和铅砣等，是钓具中重要的重力定位装置。它可以帮助鱼钩抛向远方，并且使钓线和鱼钩迅速下沉到水底，或固定在某一层面。这里主要介绍的是铅坠。

鱼坠的形状

铅坠形状各异，不同的钓法可使用不同的铅坠。

龟背形坠

形状 见图 3-4-1

龟背形坠是抛竿钓鱼使用最为普遍的铅坠。此坠长约 3 厘米，宽约 2 厘米，厚度为 1 厘米，重量在 20～80 克之间，呈椭圆形，形状如一只小乌龟，故称之“龟背形坠”。

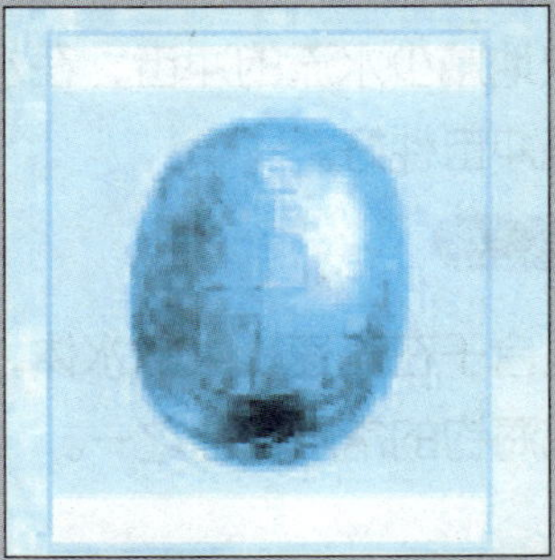
图 3-4-1

作用

(1)龟背形坠主要用于抛竿用团饵炸弹钩的定位，属底钓用坠。钓者可根据竿的钓性、所钓鱼的大小、钓场的水情来选择。

(2)龟背形坠的优点是抛投时空气中阻力小，使钩饵抛得远，沉得快，入水后能抗住水体的潜流和水面上的风力，确保钩饵不移位。

水滴形坠

形状 见图 3-4-2

水滴形坠多为抛竿串钩钓个体较小的鱼类时使用，重量通常在10～20 克之间。

图 3-4-2

作用

水滴形坠的优点是，下沉时在水体中的阻力小，入水速度快，适合垂钓自然水域中的凶猛肉食性鱼类，如翘嘴红鲌、红尾鲴，鲹鲦等。

多面体形坠

形状 见图 3-4-3

此坠通常为六面体或八面体，可有效地减少水流的冲击，在水底抗潜流冲击性好。

图 3-4-3

作用

适合于在流速较大的水体，是江钓或海钓的常用铅坠之一。

扁圆形坠

形状 见图 3-4-4

扁圆形坠重量较小，一般在10～20克之间，由于它在水中有一定的漂浮动态，所以下沉时速度较慢，因重量较轻不易陷入水中的淤泥之中。

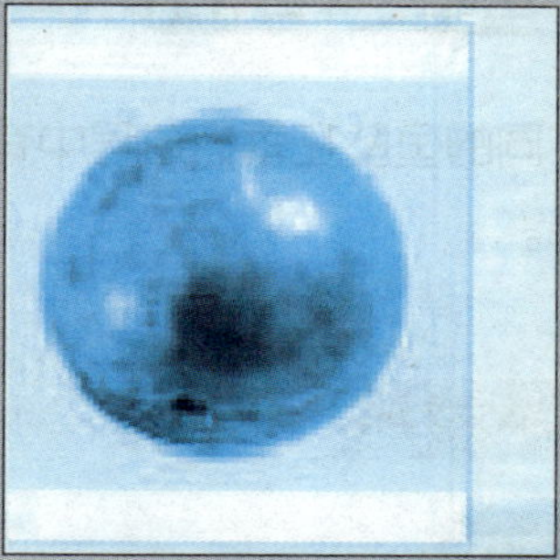
图 3-4-4

作用

适合于水底下有碎石杂物的地方使用，亦适用于抛竿挂拟饵动态诱鱼。优点是收线时扁坠会离底在水中漂行，避免挂底。

圆柱形坠

形状 见图 3-4-5

(1)多为钓友自制的简易铅坠，一般为5～6厘米长，重量在30克左右。拴结时用钓线拴在它的中间处，使坠子分为两段。

(2)当收线时铅坠的运动方式是短的在前，长的在后时，可有效地减少挂底的可能。当铅坠遇到水下的障碍物时，钓手可略加用力，铅坠的长节就会因受力翻转，越过障碍物。

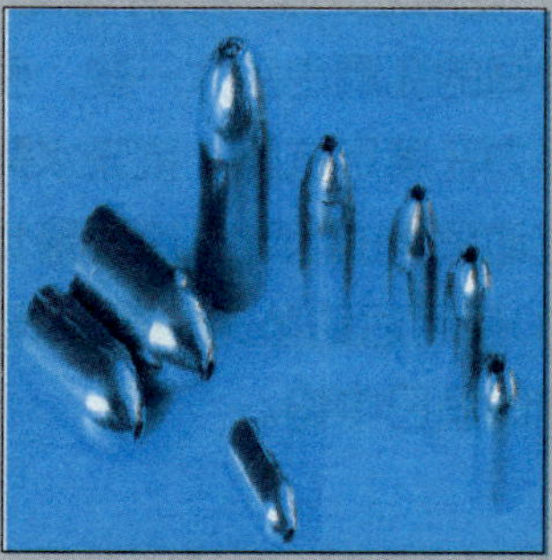
图 3-4-5

(3)因圆柱形坠具有翻越障碍的功能，故有许多钓鱼人称它为“会翻动的坠子”。

作用

圆柱形坠适合于水下多碎石和有障碍的自然水域。

鱼坠的作用

不同的鱼坠在垂钓过程中有不同的作用，选择合适的鱼坠能够提高垂钓的效率。

活动坠

形状

又称空心坠，是一种椭圆形或枣核形的铅坠，一般重量在 10～30 克之间。在钓事活动中，当我们需要远投定位又需要较高的灵敏度时，活动坠较好地解决了这个矛盾。

作用

(1)使用抛竿抛钓鲢鳙时，空心坠既体现了较高的灵敏度又利于远投和定位；

(2)使用活动坠可以不考虑浮漂的浮力匹配，铅坠的重力可略大于浮力，铅坠中间的孔洞也应大一些，使它对线的活动不产生阻力或少产生阻力，浮漂的浮力在满足抗风、抗流水需要的前提下应尽量小一些，过大的浮力会增加鱼拉动鱼钩的困难，使鱼警觉而吐钩；

(3)使用活动坠时，鱼咬钩时通常表现为黑漂，如果出现抬漂现象，则说明此时鱼已中钩。

舍弃坠

舍弃坠就是资深钓手在施钓碎石多、有障碍的自然水域，因挂底而保全钓组或竿不受到损伤而舍掉的铅坠，故名舍弃坠。

作用

自然水域水情复杂，水下常有因建筑大堤防止水库坍塌投抛的大石块，而这样的环境往往又是大鱼喜欢聚集的场所，为了能在这样的条件下钓鱼，舍弃坠可免除更多的麻烦。

半限制活坠

用法

（1）我们可以用一段 20～30 厘米的钓线穿上一只活坠，线的两端拴成死结后，再留出线圈与连接器相结；

（2）在钩上，活坠便被限制在这一范围，当鱼咬钩牵动钩线超过这个范围时也牵动坠子，坠子的阻力反作用于钓钩，这样就可刺穿鱼嘴使鱼中钩。

作用

（1）半限制活坠是因风浪较大，为了使绷紧的钓线松塌，而使用的一种配坠方法。

（2）假若使用活坠，遇上鱼咬钩既不会使钩子刺进鱼嘴，也不会因线松而使竿梢没有动作，钓手不能及时发现扬竿而造成跑鱼，若能在钓线上将任意移动的活坠，改为活动范围受限的活坠，就可解决松线跑鱼的问题。

附加坠

用法

在不更换钓组的情况下，可用附加坠，即在原来的铅坠旁再加上一坠，取下浮标即可。

作用

更换钓坠的方法简单易行，可省去更换整个钓组的麻烦。

以饵为坠

用法

使用飞钩钓鱼时，可利用饵料的自重来替代铅坠，配小漂更能反应灵敏。

作用

(1)当钩上有饵时，漂立于水面上，如饵料用尽、浮力增大，浮漂则会翻倒在水面上，钓手可据此来判断钩上有无饵料，省去了查饵的繁琐，延长了施钓时间，有利于上鱼；

(2)在自然水域容易挂底的场地，用以饵代坠的方法钓取个体较大的鱼，还可有效地避免挂底。

抛竿活坠

用法

(1)抛竿使用通心活坠，先将主线从铅坠预留的孔洞中穿过，在主线的末端拴上连接器，这样的活坠在钓线上就可以任意地活动，反应极为灵敏；

(2)当鱼咬钩时，钓线在空心坠中可自由地滑动，把信号迅速传至钓竿上。

作用

通心活坠用法，主要用于串钩钓取鲫鱼、鳙鱼等个体较小的鱼类。

抛竿死坠

用法

主线的末端直接拴上连接器，钩饵和铅坠同时与连接器相连的一种组装方法。

作用

这种方法多用于炸弹钩钓组钓取一些个体较大的鱼类，其优点是饵小，钓钩集中，坠重便于远投，此外重坠还加大了钓钩的穿刺能力，提高鱼上钩率。

第五节 浮漂

浮漂又称鱼漂、浮子。它是进行底钩垂钓和浮钩垂钓时，用以传递鱼类吞钩信息、控制钩在水中悬浮位置的重要配件，属于一种信号标志。

浮漂的种类

浮漂是传递信息的一种工具，它不光颜色多样而且样式繁多，适应在不同场合钓不同鱼类，是垂钓者必不可少的钓具。

立式浮漂

见图 3-5-1

使用时，浮漂顶部露出水面，只要鱼吞饵，浮漂就会有明显反应。

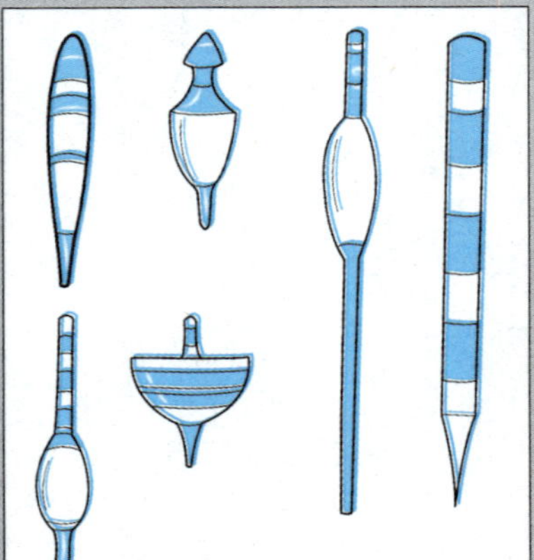

图 3-5-1

卧式浮漂 见图 3-5-2

使用时，把漂对好呈立式，漂横卧于水中，当漂直立或下沉时，则说明鱼上钩了。

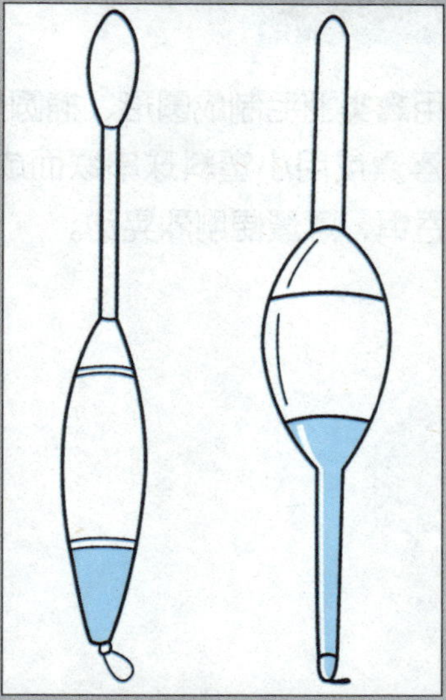

图 3-5-2

球形浮漂 见图 3-5-3

由于钓力大，常用于钓中上层水域的鱼类，即为浮钓，当鱼吞饵时，浮漂下沉。

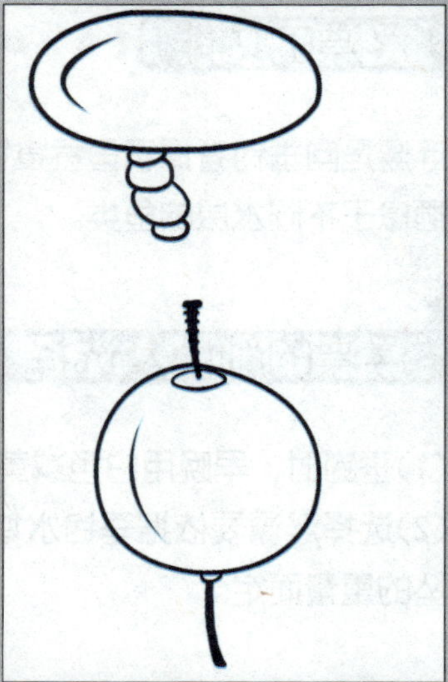

图 3-5-3

线浮漂 见图 3-5-4

用禽类羽毛制成圆形、椭圆形的线浮漂或用小塑料球串联而成，当鱼吞饵，浮漂便剧烈晃动。

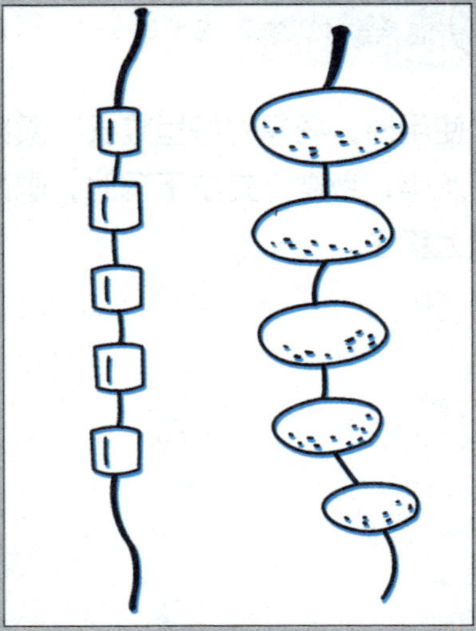
图 3-5-4

浮漂的功能

浮漂是向垂钓者提示鱼吞食钩饵的工具；垂钓者借助浮漂的浮力，可以垂钓栖息于不同水层的鱼类。

浮漂的颜色及选择

(1)垂钓时，早晚用白色或黄色，中午用红色和橙色为好；

(2)选择浮漂要依据垂钓水域的深浅、垂钓鱼类的大小、水流缓急情况及铅坠的重量而定。

第六节 连接件

连接件的种类和规格很多，合理的选择连接件，能够为垂钓者的钓具组合带来极大方便。

连接件选择原则

(1)垂钓的水域、鱼种和垂钓方法不同，连接件的选择亦不同，钓大鱼则应选择大而结实的连接件；

(2)在一套由线、坠、钩、漂等组合的钓组中，所使用的所有连接件应能与整套钓组的各个部分的强度相适应，不能出现过分薄弱的环节；

(3)在一套钓组中，所使用的连接件不宜过多，过多则容易出现相互缠绕，也会增加整套钓组的重量，采用手竿漂钩钓，连接件过多会延迟鱼类的吞饵反应，二则因连接件过多，在提竿时响声过大，会惊跑水底鱼群；

(4)连接件由金属制成，结构较复杂，在选用时，一定要仔细检查，表面不得有毛刺、急弯、凸凹不平处，否则会损伤钓线；

(5)连接件与钓线连接的金属丝直径不能小于钓线直径，若过细，在钓线受力时，过细的金属丝易将其切断。

连接件的种类

小型连接件是指连接线、浮漂、天平、钓钩和铅坠等整套钓组的器件，具有连接牢固、使用方便的特点。将各种连接件有效合理地拴结，为广大钓鱼爱好者提供了极大的方便，提高了垂钓效率，是垂钓工具中必不可少的部件。

卡扣 见图 3-6-1

使用最广泛的连接件，可与其他返捻环配合使用，由于它有活动卡扣，因而便于安装和更换支线、鱼钩等。

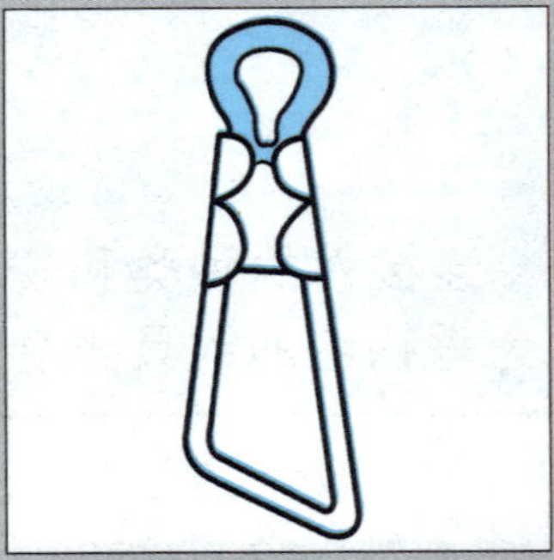
图 3-6-1

樽形返捻环 见图 3-6-2

主要用以连接主线和支线或活动的浮漂，使浮漂能沿主线滑动。因其自身有一定的重量，甩竿时可增加坠子的重量，使饵钩甩得更远。

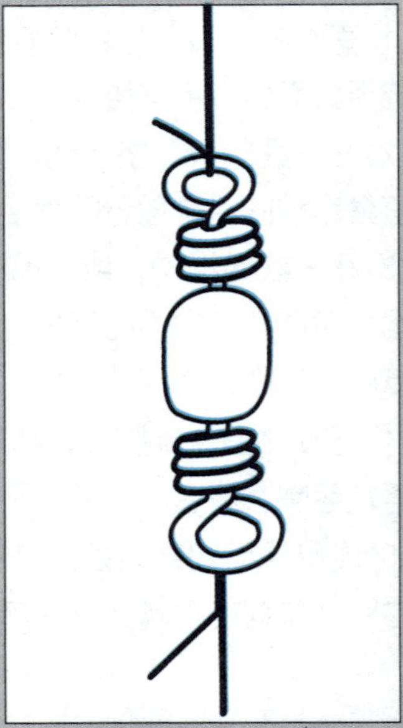
图 3-6-2

箱形返捻环 见图 3-6-3

主要用以连接主线和支线，这种捻环很坚固，适用于垂钓中、大型鱼类。

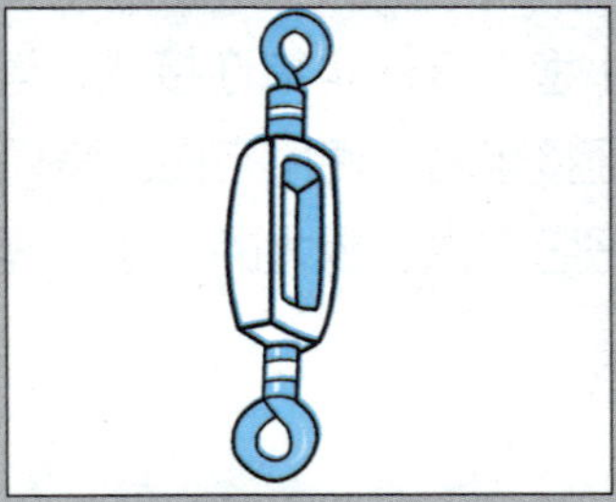
图 3-6-3

松针形返捻环 见图 3-6-4

松针形返捻环形体较大，比较坚固，主要用以连接主线和支线，多在海钓中使用。

三叉返捻环 见图 3-6-5

它有 3 个可转动的小环，其中一个小环用以连接主线，另两个可分别连接支线和坠子，多用于海钓。

封箱形返捻环 见图 3-6-6

连接支线的旋转轴通过箱形体上的两个孔转动。

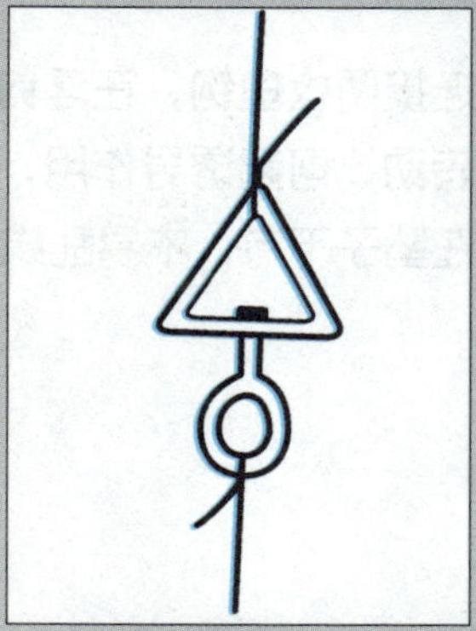

图 3-6-4

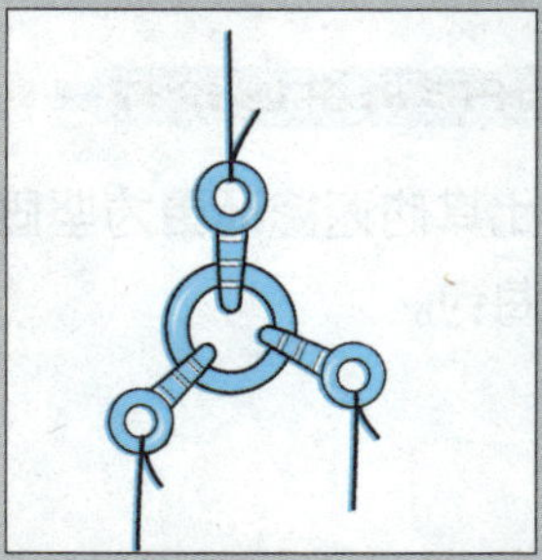

图 3-6-5

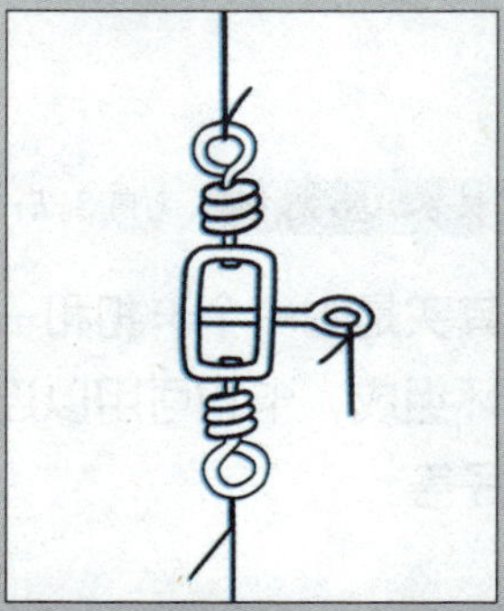

图 3-6-6

双杆返捻环 见图 3-6-7

可连接两枚鱼钩，在浮钓时鱼饵可以转动，可起诱导作用，而且鱼钩接在坠子下方，不易乱线。

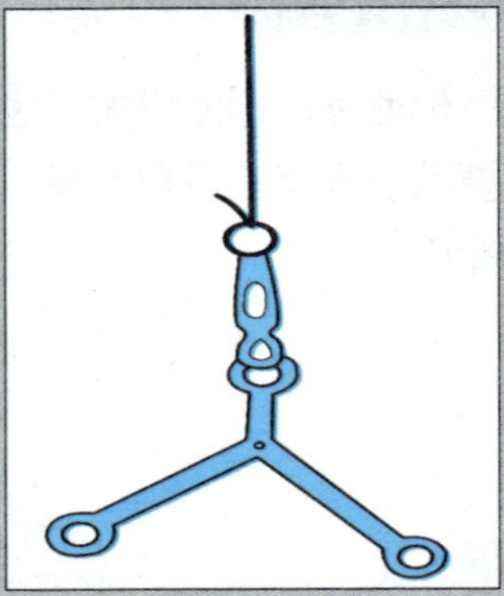
图 3-6-7

松叶形母子返捻环 见图 3-6-8

它比其他返捻环更为坚固，主要用于海钓。

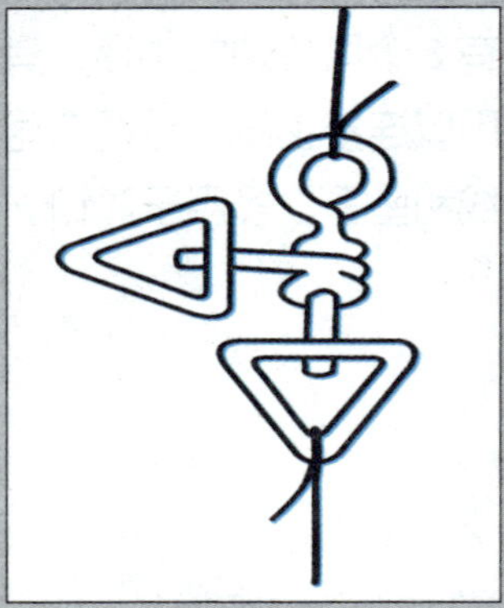
图 3-6-8

带卡扣返捻环 见图 3-6-9

它其实是由一个卡扣和一个樽形返捻环组成，卡扣可用以连接支线或坠子等。

图 3-6-9

钓线卡 见图 3-6-10

可连接主线和支线，利用卡具的弹性夹住钩线，方便更换鱼钩。

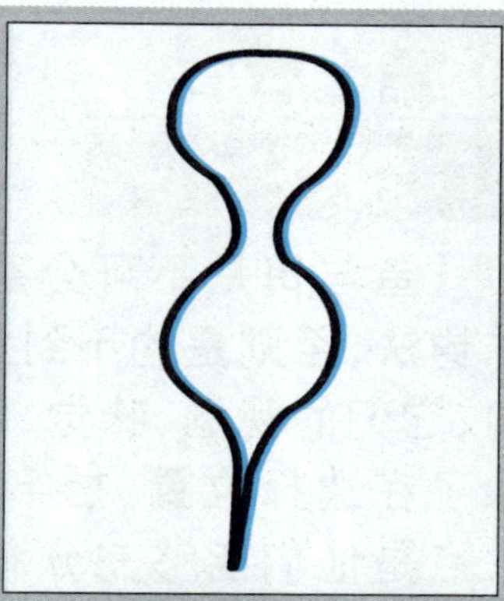

图 3-6-10

轮环 见图 3-6-11

用它连接主线和支线，适宜台钓时使用，方便更换鱼钩。

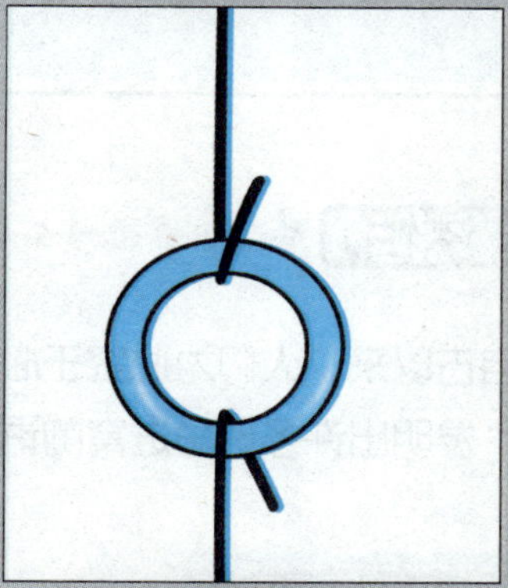

图 3-6-11

连接件的拴扣

选择有效合理的拴扣，能为垂钓提供极大的方便(见图 3-6-12)。

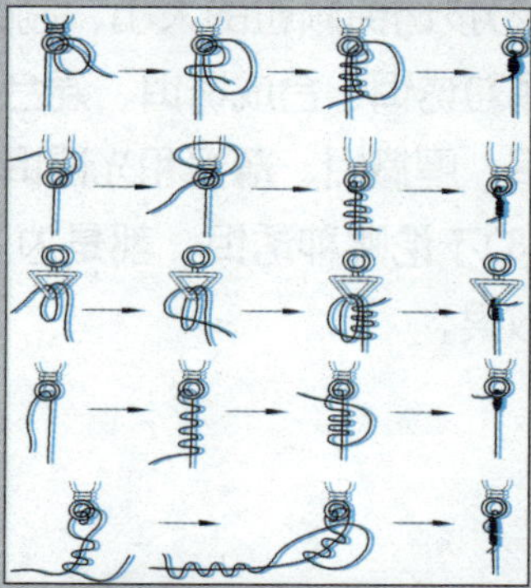

图 3-6-12

第七节
饵料

鱼与饵是不可分割的，如果没有饵料，除非是用特殊钓法，否则是钓不到鱼的。因为鱼很贪食，在一定范围内，它们的视觉、味觉、嗅觉都比较灵敏。高明的垂钓者，除了在选择位置、提竿等方面有丰富的经验外，重要的一点是他们能够充分利用鱼类的视、味、嗅、触的特点，在钓饵上下工夫，从而达到让鱼咬饵的最佳效果。

诱饵

自古以来，人们为此究于心计，不断探求，针对不同鱼类的不同习性和嗜好，发明出许多诱鱼进窝的诱饵，大大提高了垂钓的上鱼率。

诱饵的种类

(1)诱饵的种类很多，依据形状可分为散饵、黏饵和团饵(见图3—7—1)；

(2)按诱饵颗粒的大小、制作原料和使用方法的不同，又可分为粉末诱饵、颗粒诱饵、合成诱饵、混合诱饵、干撒诱饵、湿撒诱饵、酿制诱饵、色味诱饵、腥撒饵、蘸饵和光诱饵；

(3)不论哪种诱饵，都是为了诱惑鱼儿前来摄食，以达到最好的诱惑鱼儿的效果。

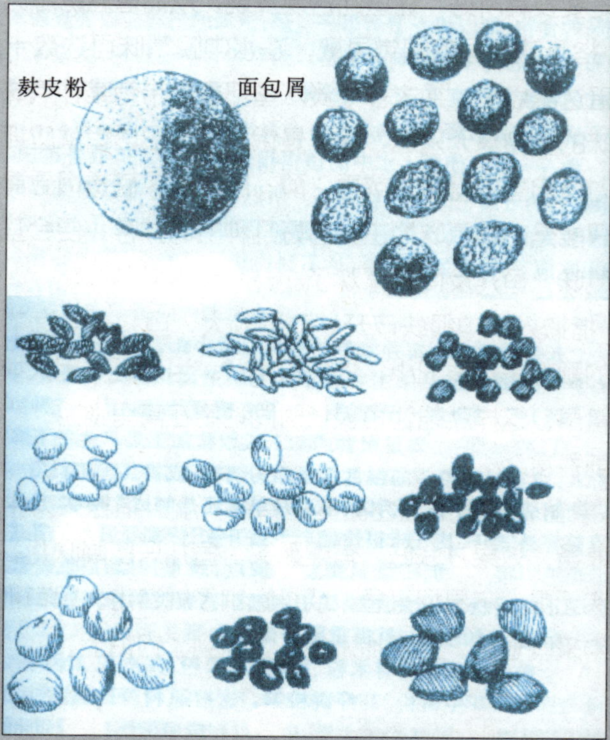

图 3-7-1

诱饵的作用和特点

诱饵的主要作用

(1)在水域的钓点诱集鱼类。广表水域任鱼游，鱼的密度稀，难以垂钓。诱饵能使鱼类趋向于钓点，从而加大钓点鱼类的密度。

(2)为使钓者从容垂钓，把鱼儿诱集进入钓点后，还应让鱼类滞留于钓点。

诱饵的主要特点

(1)色，指饵料的颜色和色泽。鱼类视力很差，在水中通常只能看到 2 米左右的物体，但它们辨别颜色的能力较强，对白黄红绿几种颜色感兴趣。

配置诱饵就是要投其所好，让鱼儿容易发现，从而增强诱惑力。

(2)味，指气味。鱼的嗅觉灵敏，在水中嗅气味可达数十米，并进行长距离跟踪，直达窝点里。绝大多数淡水鱼都喜欢带有某种气味的食物，对那些无色、无味的食物毫无兴趣，除非是饿了。选配诱饵就应抓住“气味”这一特点，针对所钓鱼的喜爱，或香、酸、腥、臭，使诱饵更具有诱惑力。但每一种饵料只能是一种气味为主，若好几种气味并存，便会互相抵消，形成一种模糊的气味，鱼儿反而不喜欢了。

(3)散，指撒入水中很快散开，范围较大，鱼儿一时吃不光，不会马上游走。诱饵的颗粒一定要细小，近似粉末状。当然还可用大块状的固体饵料或是鲜嫩的青草，这样就能让鱼较长时间地留在窝里巡游，当它一旦发现钓饵，便会上前吞食。

(4)虚实兼备，指粗细结合配置的耳料。虚，指粉末为主；实，指颗粒为辅。两者兼备，效果才会好。有虚无实，鱼儿只能闻味儿，不留恋，窝子不持久；有实无虚，不易招来鱼，或是吃饱了就游走。只有粗细结合，才能留住鱼在窝中来回巡游，直至拣来拣去，拣到了钓饵上。

常用诱饵的制作方法

麝香米诱饵

将大米装入玻璃瓶，用纱布包一点麝香放入瓶内，封好瓶口，半个月后瓶中的米即可作诱饵。

米饭诱饵

将米饭放坛子里，加白酒密封，可长期保存，随时取用。垂钓时取出部分米饭，再加入面粉、混合饲料等，捏成团，撒在窝内即可。

牛屎诱饵

取鲜牛屎 1 千克加切碎青草 0.25 千克，少量大米、湿泥、稻壳等，混合后捏成团备用。撒窝时将牛屎团抛入钓点，待牛屎团解体，青草、稻壳翻出水面，周围塘水呈现浑浊状态时，即可下钩垂钓。

钓饵

不同种类的钓饵可用于钓不同种类的鱼。

钓饵的种类

常用动物性钓饵 见图 3-7-2

主要有昆虫类、鱼虾类、蛤贝类、蛋类。

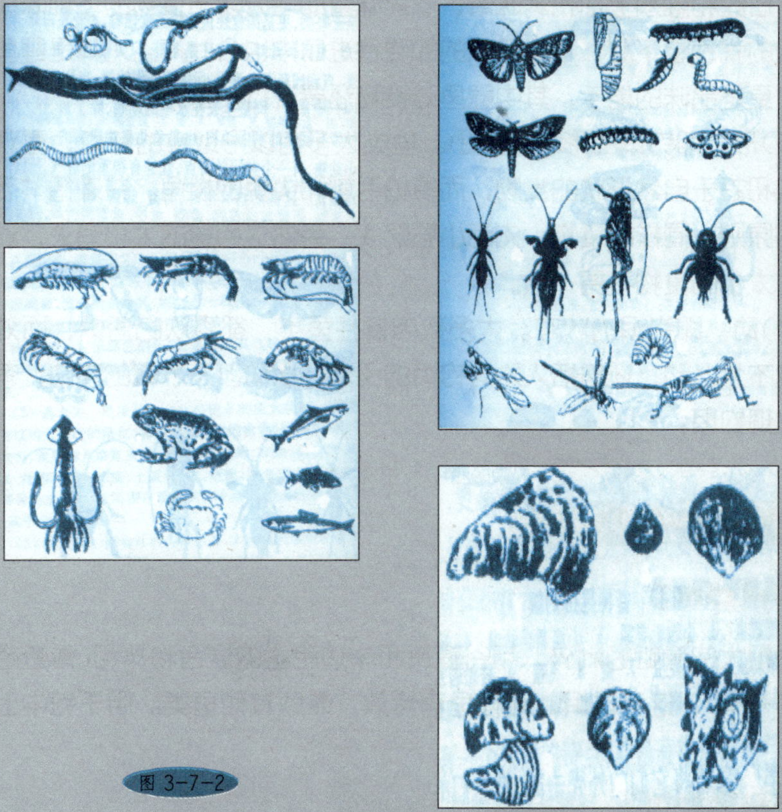

图 3-7-2

钓饵的作用和特点

钓饵主要作用

在水域的钓点吸引鱼类，钓饵能使鱼类趋向于钓点，加大钓点处鱼类的密度。

钓饵主要特点

(1)色，即钓饵的颜色，与诱饵相同。

(2)香，即味，鱼类的舌头虽不发达(只能上下活动，而不能转动)但其唇部、口腔和触须上却布满味蕾，依靠味蕾即可分辨出食物的多种味道。合乎口味的就吞噬下肚，不合口味的即便吞进口中也会吐掉。尤其是鲤鱼、鲫鱼等，更是品味的能手，其中鲤鱼对食物还要进行一番咀嚼。

(3)形，即钓饵的形状与大小。鱼类大多有以形取食的特点，喜欢吃类似昆虫和趋于自然形状的食物，而惧怕毛刺和尖锐的棱角。并遵循“节省能力”的原则，同样的食物，先吃小后吃大。当然这与鱼的大小有关，通常是大鱼对太小的食物不屑一顾。

(4)动，即钓饵的状态。大多数肉食性鱼类，都喜欢吃活饵，而对于死饵兴趣不大。动，还包括人为对钓饵的引动、摆动以及水流的冲动，有利于鱼儿发现钓饵。

钓饵的制作方法

蚯蚓钓饵

将粗大的青蚯蚓剁碎，与谷糠灰和岸边泥土的混合物拌和(青蚯蚓占拌和物的一半)，这种诱饵，对鲤鱼有特效，兼顾其他鱼类。用于钓中上水层的鱼。

类臭米钓饵

臭鸡蛋黄 2 个，臭虾汁一杯(水煮小虾 50g，煮熟后放一段时间让其变馊，滤其虾取汁)，拌后放于 500 克米中密封一天以上即可。

第八节 辅助用具

随着钓鱼业的发展，商店里出售的辅助渔具琳琅满目，深受垂钓者的喜爱，辅助钓具主要有以下几种。

钓竿架

钓竿架是专为在岸边垂钓准备的辅助工具，因为长时间持竿静立不动手会感到疲劳，另外，同时使用几副鱼竿垂钓时，也必须有钓竿架予以帮助。根据钓竿的不同，钓竿架可分为手竿架和海竿架两大类（见图 3–8–1）。

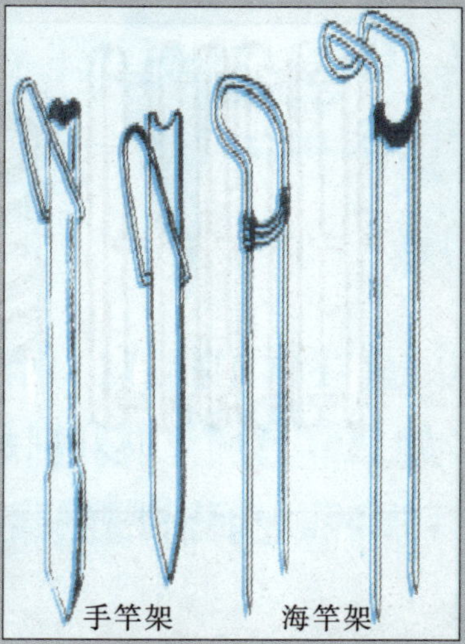

图 3–8–1

手竿架

手竿架市场上多有出售，它比较长，有用金属管制作的，也有以竹竿加金属插头制成的。手竿架下端呈尖形，可插入岸边泥土中，上端呈半圆“Y”形，可以拖住鱼竿，其长度 50～150 厘米不等。

海竿架

海竿架要比手竿架多，因为海竿一般都比较重，垂钓时需要用支架支撑，同时我们可以根据自己钓竿的情况准备相应的支架。

绕线板

绕线板是垂钓时必不可少的辅助工具之一，用于贮备鱼钩和鱼线，同时防止鱼线乱缠，多为竹、木、有机玻璃制作而成，也有用泡沫塑料制成的，除了可以自己动手制作外，现在渔具商店一般都有(见图 3-8-2)。

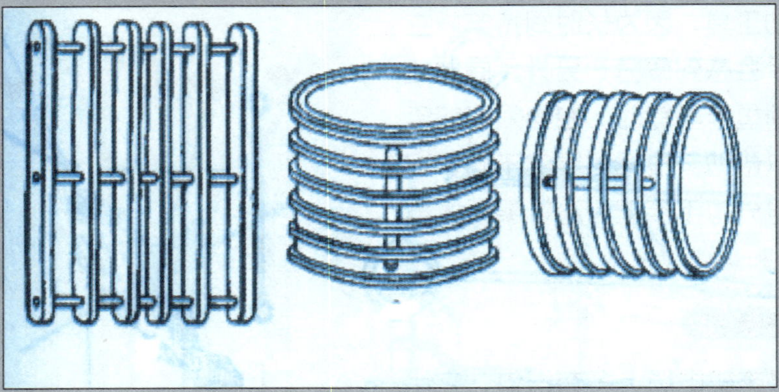

图 3-8-2

抄网

抄网是钓到大鱼时必不可少的工具。在钓上大鱼时，不能仅用鱼竿将鱼硬拽上岸，应使用抄网，否则不是造成断线就是断竿。

抄网的形状 见图 3-8-3

有圆形、梯形、三角形三种，可根据自己的习惯选择。但不管选择哪一种抄网，形状口径都应不小于 36 厘米，深度不浅于 28 厘米，柄长在 120 厘米左右，同时为了方便，托柄最好是 2～3 节伸缩式的，便于携带。

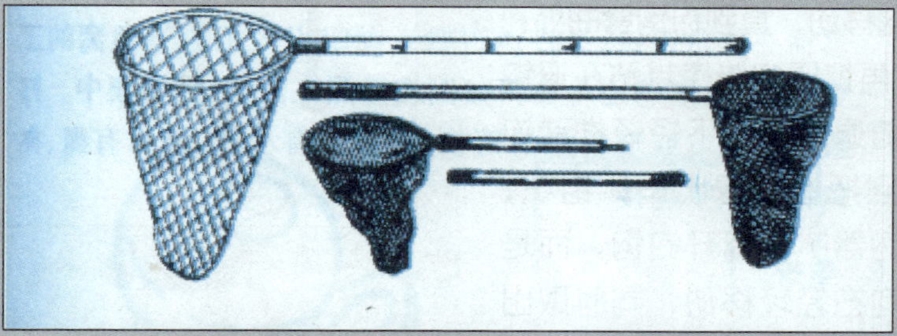

图 3-8-3

退钩器

当鱼吞食鱼钩过深时，应使用退钩器将钩取出，否则，勉强拉出鱼钩既容易损伤鱼线，同时鱼也难以存活。

退钩器的形状 见图 3-8-4

退钩器结构比较简单，所用的材料有金属、塑料、竹、木等，各种退钩器的共同特点就是有一个豁口。

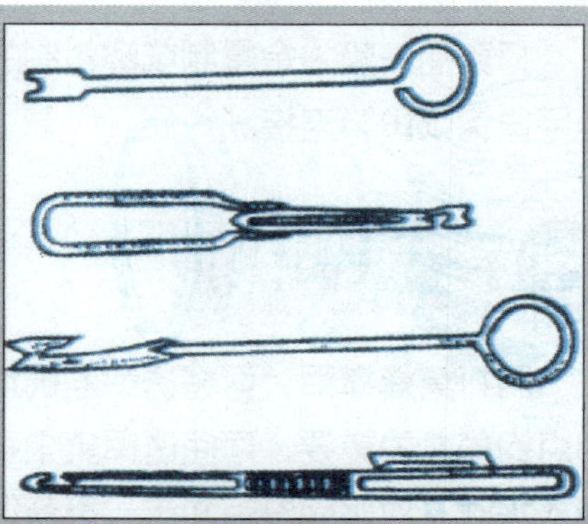

图 3-8-4

退钩方法 见图 3-8-5

(1)使用时右手持退钩器，左手拇指、中指、无名指和小指握住鱼头，再用拇指和食指捏住鱼线，将退钩器豁口套入鱼线，并使其向内移动，直到钓钩弯曲处；

(2)再拉紧钓线使其贴在退钩器上，随退钩器向下轻轻推动钓钩，直到把钓钩退出鱼体组织，此时退钩器不要离开钓钩，而是向左或向右轻轻移动，同时取出钓钩和退钩器。

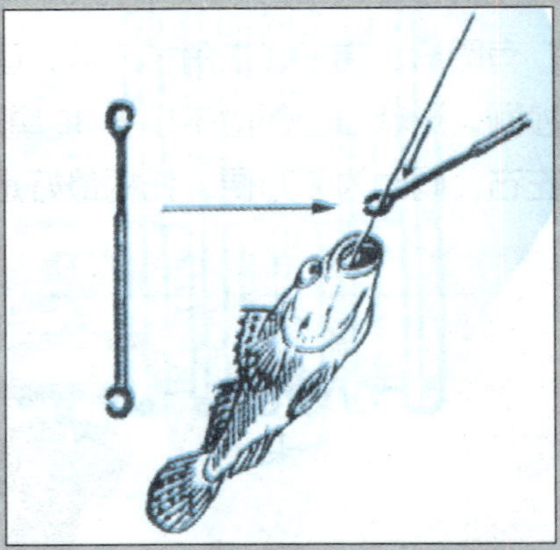

图 3-8-5

打窝桶

打窝桶也称撒饵器，是将诱饵撒入固定点人工制造鱼窝的工具。

打窝桶的形状

打窝桶一般为金属制或塑料制的筒状，筒臂可有小孔，筒口由绳、夹子等与鱼钩或鱼竿连接。

打窝桶的作用

用打窝桶撒饵，可将诱饵准确地撒往钓点，这对在草丛中、水深处、远钓点钓鱼尤为重要，可使诱饵集中在一处，增强诱鱼效果。此外，打窝桶带饵入水时，对水面没有冲击，声音很小，因此不会惊散水底鱼群。

打窝桶的种类

打窝桶的种类很多，一般都为钓者自制，常用的有以下几种(见图3-8-6)：

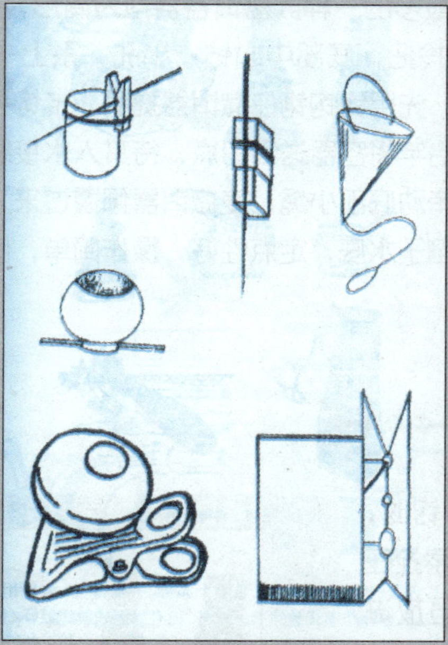

图 3-8-6

卫生纸撒饵器

用一张卫生纸折叠成双层，呈正方形，把诱饵放在纸中，四角叠起用钓钩钩住，轻提至钓点,在水面上下抖动，卫生纸遇水破裂，诱饵即入。

方布撒饵器

用手帕等方布，先将其打湿，再折叠三个角呈簸箕形(三个角要相互压住)，再往里卷入 2 厘米，装诱饵，用钓钩钩住另一角，轻提至垂钩水面，抖动钓竿，三个折叠的角松散，诱饵即落入水中。

夹持式撒饵器

取一筒状塑料瓶(如饮料瓶)，剪去瓶颈。使用时把诱饵装入，用夹子夹在钓竿尖部，伸到钓点水面，翻转饵罐即可。

倾覆式撒饵器

这种撒饵器是钓者使用最多的一种。盛饵容器可为筒形，也可为锥形，在口部两边用铁丝弯成弧形拎把，底部中心钻一小孔，系上一根多股尼龙线，线端拴一卡钩。使用时，先用钓钩钩住撒饵器提柄、卡钩与脑线连接件连接，将诱饵倒入容器徐徐抬竿将容器送到钓点，待其入水接触水底后，轻提竿尖，使钓钩脱离拎把，牵动底部小绳，使撒饵器倾覆过来，将诱饵倒在水底。这种撒饵器能将诱饵倒于水底，定点性好，操作简单，使用方便，故为众多钓者所采用。

鱼护

鱼护是盛鱼的用具。垂钓时，把它放在岸边的水中，用绳索拴在木桩上，可随时把钓到的鱼放进去，保持鱼的鲜活。不用时，可将袋收叠(见图 3-8-7)。

传统钓鱼中常用竹篓，但由于其携带不方便所以被鱼护代替。鱼护多以尼龙丝为骨架，尼龙线为网壁，可伸缩收合。垂钓时把它放在岸边的水中，用绳索牢固地拴在岸边的木桩上即可。

图 3-8-7

放线器

一般海水、淡水多用旋压式放线器，此外还有封闭式放线器等。竿上装有放线器后，钩子能投得远，在钓到大鱼后可放出较长的线来与大鱼周旋(见图 3-8-8)。

图 3-8-8

拉草铁锚

拉草铁锚由一根尼龙绳吸住一铁锚钩组，用途是清楚钓点周围水面及底层杂草等障碍物，以利于垂钓者下钩(见图 3-8-9)。

图 3-8-9

除了上面讲到的工具，还有其他辅助工具，如钓鱼箱、钓鱼包、折叠椅和遮阳伞等，垂钓者可根据情况做充分准备。

第四章　钓鱼的技巧

在选择好齐备的渔具后，只是完成了垂钓的工具制备，若要钓鱼，还需要一定的技巧，比如渔具的组合连接和各种技巧等。

第一节 钓具组合连接

钓具的组合，即竿、线、钩、漂、坠之间的组合，它是垂钓技术的核心，历来为垂钓行家们所重视。

钓竿的连接

海竿、两用竿和手竿的连接是最基本的钓具组合技术。

海竿、两用竿与钓线的连接 见图 4-1-1

海竿、两用竿与钓线的连接很简单，只要将放线器安装在钓竿上，再将钓线按顺序一一穿过竿体上的导线眼即可。

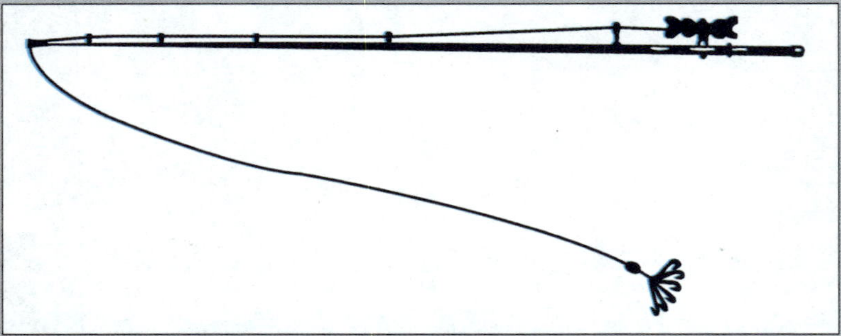

图 4-1-1

手竿的连接 见图 4-1-2

(1)插接式竹制手竿与钓线的连接：这种手竿尖端一般都有一个绳套，钓线可与绳索直接连接，也可将钓线穿过绳套后，转动钓竿，使钓线长度的

1/3 缠绕在竿体上，最后再将绕线板固定在竿体上即可；

(2)如果钓竿尖端没有绳套，可将钓线用活结扣在竿尖上，再用一节 2 厘米的自行车气门芯套住，将钓线固定在竿尖处。

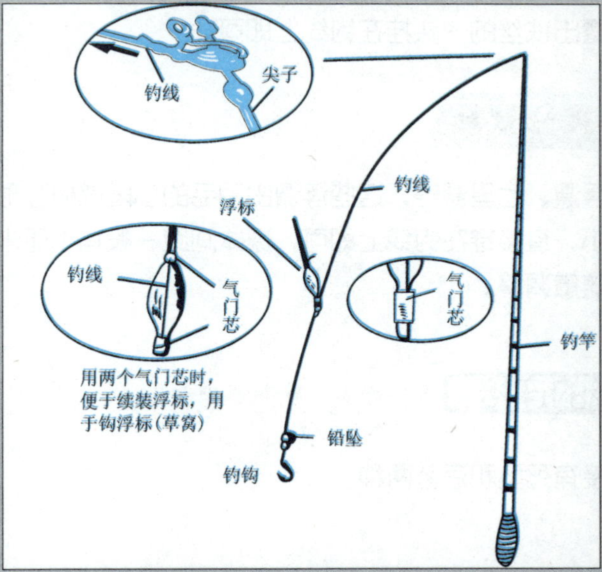

图 4-1-2

浮漂与钓线的连接

浮漂可以说是钓具中起到决定作用的部件。因为如果没有浮漂作提示工具，就不会知道有鱼上钩。

立漂与钓线的连接

立漂多为单体型的辣椒漂、棒形漂和球形漂。使用时只要将漂尾或插接杆插入套在钓线上的橡胶套或一小段气门芯中即可，比较方便。如要调整浮漂位置，可沿钓线上下移动橡胶管，浮漂即可随之移动。

球漂与钓线的连接

有的球漂与立漂一样，连接有锥形脚，可插入套在钓线上的橡胶套即可。有的球漂中用一小圆柱体与弹簧用一截两头带钩的铁丝相连接，用时顶住圆柱体压缩弹簧，露出铁丝的一头挂在钓线上即可。

多漂体与钓线的连接

多漂体指的是线浮漂、七星漂等，这些浮漂由羽毛的小段或椭圆形塑料通心球组成，漂体碎小，直接穿在钓线上即可，漂体间距一般有 1 厘米，也可并在一起，间距可随意调整。

鱼坠与钓线的连接

鱼坠与钓线的连接有死坠和活坠两种。

活坠

将主线从坠的通能孔中或坠上方的金属环中穿过即可。

死坠

死坠是铅坠，需将铅皮卷压在钓线上，用钳夹紧；如是开口式坠子，则可直接按压在钓线上并扣紧。

钓组的装配组合

钓组的装配组合主要有坠下钩组合、坠上钩组合、坠上钩与坠上钩组合和坠子与天平的钩组组合四种。

坠下钩组合

组合方法 见图 4-1-3

坠下钩组合中可用单钩、双钩和多钩。拴钓钩的支线在坠子下方。

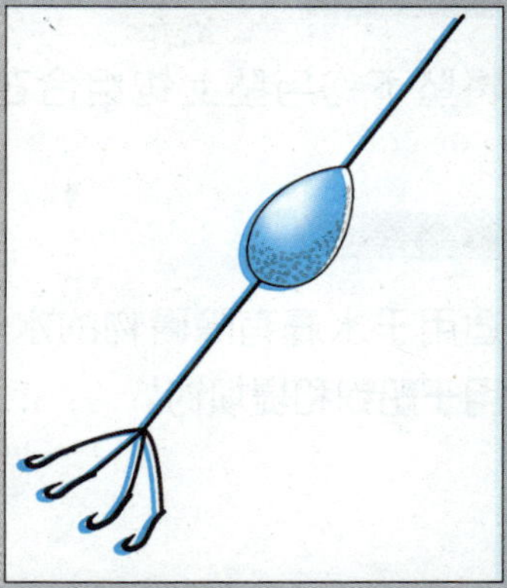

图 4-1-3

适用范围

这种钩组适用于手竿带浮漂，进行底钓和浮钓，也适用于投竿配活坠远投底钓或配固定坠带漂浮钓。

坠上钩组合

组合方法 见图 4-1-4

可用单钩、双钩和多钩，拴钓钩的支线在固定坠子上方。

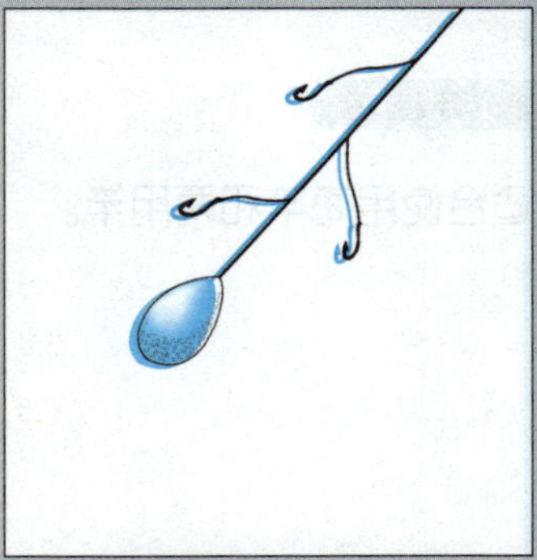

图 4-1-4

适用范围

在水底杂物多或淤泥厚的水体中进行底钓，也适用于在浅水水体中装活饵进行浮钓。

坠下钩与坠上钩组合

组合方法 见图 4-1-5

将坠下钩与坠上钩组合在一起。

适用范围

适用于水底有障碍物的水体，也适用于船钓和堤坝钓。

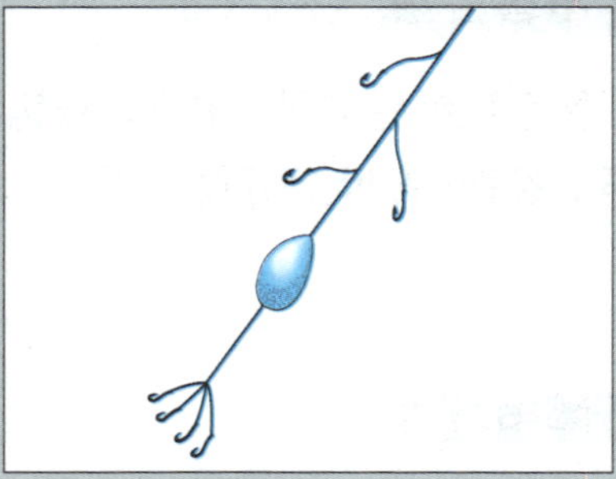

图 4-1-5

坠子与天平的钩组组合

组合方法 见图 4-1-6

坠下可连接单钩、双钩及多钩钩组。

适用范围

适合使用海竿和两用竿。

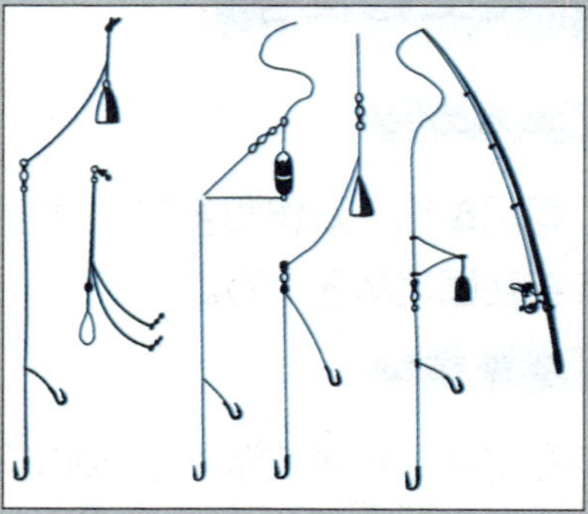

图 4-1-6

鱼钩与钩线的连接

主要有扁钩拴结法和朝天钩拴结法两种。

扁钩拴结法

将线的一头在钩柄上绕 5～6 圈，把线头穿入线圈，再将另一头拉紧，剪去多余的部分。要注意的是上出线的打结点，必须在钩柄的内侧(见图 4-1-7)。

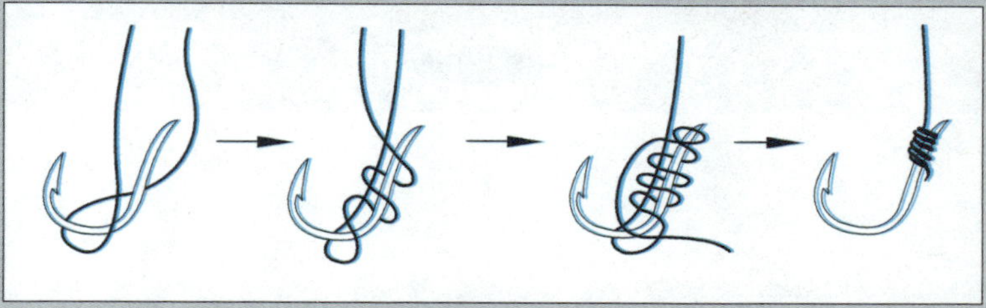

图 4-1-7

朝天钩拴结法

是将鱼坠焊接在鱼钩钩柄末端，上留有穿线孔或环柄。采用带鼻子扣钩法和在钩环内绕缠结法(见图 4-1-8)。

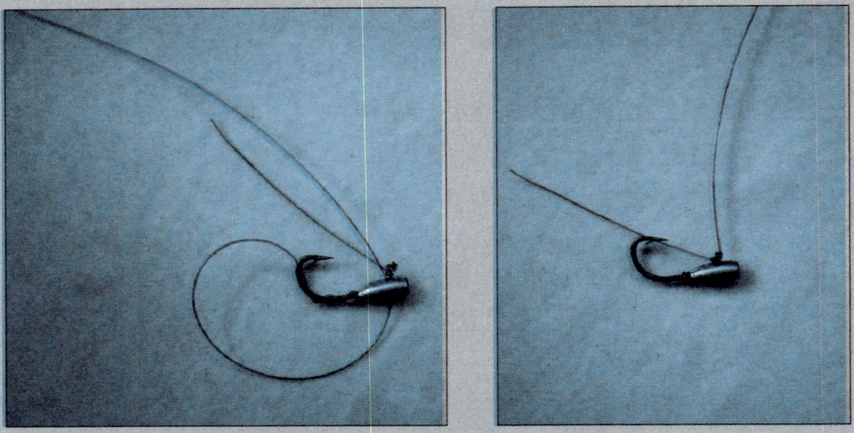

图 4-1-8

第二节 打窝技巧

钓友都知道，静水(水库、池塘)野钓需要打窝子，把鱼诱到窝内，提高钓获量。所以，如何正确地打窝子，在钓鱼中显得十分重要。夏、秋季节，水温高，鱼儿四处游动觅食，只要根据当时的水情、鱼情，在水底平整的地方打窝，一般都能诱到鱼，成为一个成功的窝子。但是，在冬季和早春，水温低，鱼儿待在一个地方很少游动，只有嘴边有香饵，才肯吃钩。这样，即使打了窝子，也很难把别处的鱼诱到窝内。所以，如何提高冬季打鱼窝的成功率就成为冬季野钓成败的关键。

打窝

很多钓友在刚学钓鱼的时候，到了钓点，不管天气状况和水情，选好点后就撒窝料，这样往往效果不佳。其实打窝也要有技巧，要根据周围情况随机应变，发挥最佳的诱鱼效果。

打窝方法

将诱饵撒入选定的钓点将鱼引诱进窝点。

打窝注意事项

(1)保证诱饵充足；

(2)撒窝后不要急于下竿，要等到发窝时再下竿(发窝是指鱼群已进入窝点开始吃饵，窝中有鱼星冒出)；

(3)为保证准确下钩，打窝时应做好标记；

(4)根据鱼群密集程度决定打窝个数；

(5)静水轻撒，流水重撒，春天用粉饵，重香，夏天用颗粒饵，重甜；

(6)尽量用撒饵器来打窝，避免惊扰鱼群；

(7)根据自然条件、鱼的习性选定适当的钓点及诱饵；

(8)施投诱饵前注意对钓点的探测。

补窝

垂钓中应及时根据鱼群摄食情况、饵料流失情况补撒诱饵，俗称补窝。补窝要掌握好时机，上鱼时勿补窝，当上鱼速度明显下降或是钓上大鱼后搅乱了窝点时，要及时补窝。

补窝方法

垂钓中根据鱼群摄食情况和饵料流失情况补撒诱饵。撒诱饵时动作要轻。

补窝注意事项

(1)少。补撒诱饵要比第一次少。

(2)轻。整个补窝过程人自身的行为动作、鱼饵入水的声音等都要轻。

(3)勤。为了让鱼停留在窝内，不仅每次补的量要少，而且要勤。

(4)时机。抓住时机、一网打尽。

第三节

投竿及提竿技巧

垂钓是一项高雅的活动，同时也是一项技巧性极高的体育休闲项目。在前期准备都已做好后，不仅要有耐心，更要在垂钓过程中掌握一定的技巧。

投竿技巧

投竿就是在垂钓开始时，把装好钓饵的钓钩投到打窝的钓点中去。这个动作的正确与否关系到垂钓是否成功，所以必须勤加练习。

手竿的投竿技巧

顶甩法

动作方法 见图 4-3-1

(1)垂钓者面对钓点直立，双脚分开站立，相距约 30 厘米左右，左手握住饵钩、铅坠，伸向身后横拉开；

(2)右手紧握竿柄并高举向头顶偏右方，然后将竿向钓点方向前倾，使钓线拉直，并逐渐绷紧，让钓竿弯呈弓形；

(3)对准钓点，利用手腕的爆发力和竿的弹力，左手突然松开，右手同时向钓点方向甩动，使饵钩和铅坠从上方弹向远处钓点。

图 4-3-1

适用范围

逆风投送或钓点较远时使用。

注意事项

(1)身体站位准确;
(2)钓竿弯曲适度;
(3)顶甩动作协调。

荡送法

动作方法 见图 4-3-2

(1)面对钓点直立，左脚后退半步，右手握竿柄，将竿与水面平行端直，再将竿向右侧移动，左手拿着饵钩和铅坠向左侧移动，将钓线拉牢;

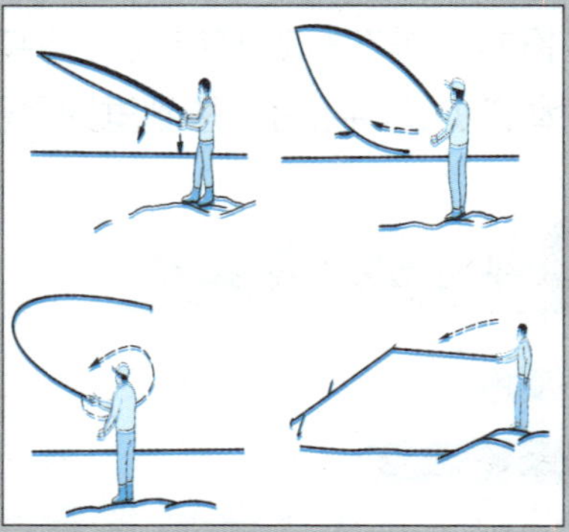

图 4-3-2

(2)同时以右手将竿略向右上方抬起，使竿略弯成弓状，绷紧，然后左手松开，右手乘势将饵钩向前方甩出，使其落入正前方的钓点水域;

(3)由于竿和钓线都较短，较易控制，一般都能落到准确的钓点内。

适用范围

适用于短竿、短线和无风的天气。

注意事项

(1)钓竿与线、钩呈反向荡送;
(2)荡送力度适中。

海竿的投竿技巧

后抛式

动作方法 见图 4-3-3

（1）垂钓者身体正对前方钓点，左脚前跨半步，双手将竿举过右肩，使钓饵和铅坠都荡向身后，上身重心移至左脚；

（2）同时向正前方挥动钓竿，当铅坠从头顶通过的瞬间，放开压扣钓线的手指，让钓线甩出，同时将手压竿向前，使饵钩和铅坠自然地抛投至远处钓点。

适用范围

周围无障碍物且需要将饵钩投入较远的地方。

注意事项

（1）用力范围是从后至上再到前依次用力；

（2）后抛时注意周围环境，以免伤人损竿。

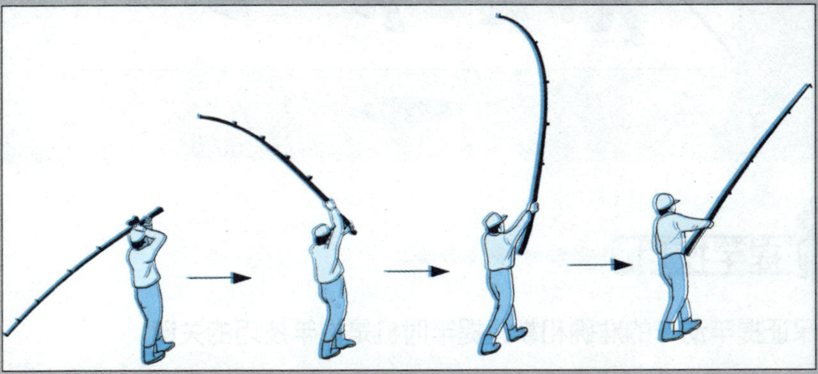

图 4-3-3

侧投式

动作方法 见图 4-3-4

（1）垂钓者面对正前方的目标水域，右脚向右退后半步，将钓竿握好放置在身体的右后侧，让竿略向下倾斜至接近地面；

（2）将身体重心移至左脚，左手捏住竿的根柄部，扭转腰部，使腰腹与双手合力将竿上举且压向前方，当铅坠通过头顶的瞬间，松开压线的手指进行放线，让饵钩平稳地落入远处水域之中。

适用范围

需要将饵钩及铅坠抛到尽可能远的钓点。

注意事项

（1）注意身体重心移动；

（2）选准放线时机，保证饵钩平稳落入水中。

图 4-3-4

提竿技巧

保证提竿动作的准确和掌握提竿时机是提竿技巧的关键。

提竿动作

（1）提竿的过程是：先抖动手腕，用一个短促有力的动作抖动钓竿，使鱼钩急速地刺入鱼嘴，而后再向上提竿；

（2）把提竿分为两个动作，第一个动作就是抖腕，使用手腕的力量，将钓竿抖动一下，使竿尖上抬 20～30 厘米左右，这时如果有鱼，钓线就会绷紧，如没有鱼，钓线松弛，而后第二个动作是提竿，或遛鱼或换食；

(3)这里特别要注意抖腕和第二次提竿，是两个连续动作。就是抖腕之后，钓线不能放松，尤其是有鱼上钩，更不能松线，以免鱼儿脱钩，所以要特别注意抖腕和提竿两个动作的连接。

提竿时机

见图 4-3-5

提竿时机与所钓鱼种、钓饵软硬、季节、鱼坠轻重和水的深浅都有密切关系。

手竿的提竿时机

实际上在垂钓时，鱼儿的摄食过程是看不到的，所以只能从观察浮漂的反应来判断，确定提竿时机。

(1)点漂。浮漂上下轻微跳动，这是鱼自触碰钓饵的信号，此时垂钓者应引起警觉，随时准备提竿。

(2)送漂。上升一两颗漂后即为送漂，浮漂先是上下抖动，继而垂直上升，尔后停止不动或开始斜移下沉，说明鱼已咬钩，准备提竿。

(3)黑漂。浮漂先是上下点动，接着很快下沉，没于水中不再浮出，准备提竿。

海竿的提竿时机

海竿钓的提竿时机主要凭观察竿尖颤动、下弯、走线或听到铃响，即可判断鱼是否上钩，当听到铃铛的响声时，表明鱼开始吃钩了，这时就要根据竿梢的抖动情况来判断是否该提竿。

注意事项

(1)应注意肘部、小臂和腕部的爆发力，尤其是手腕要顿一下，使鱼钩刺进鱼嘴，顿的幅度不宜过大，应简短有力；

(2)用力要适度，不可过大过猛，也不能过小；

(3)尽快将鱼牵逗开鱼窝，以免惊走周围的鱼群。

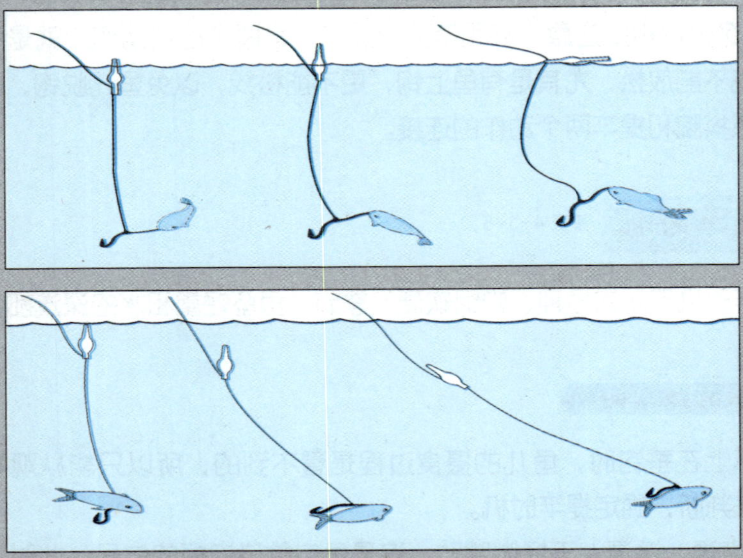

图 4-3-5

第四节

常用垂钓技术

常用的垂钓技术分为淡水鱼垂钓技术和海鱼垂钓技术。由于水域特征的不同，鱼儿生活习性的不同，同时讲究对不同鱼种、不同季节和水域采用不同的垂钓方法。

淡水鱼

我国的淡水鱼有800余种，常见的也有上百种。由于鱼类各有各的生存条件和生活习性，因此在全国不同的地方，利用不同的钓法，可以钓取不同的鱼。

鲤鱼

生活习性 见图 4-4-1

(1)鲤鱼又称“拐子”，属于鲤科类，是温水性鱼，我国南北方都有；

图 4-4-1

(2)鲤鱼的适应性强，耐寒、耐碱、耐低氧，喜欢栖息于土质松软、水草丛生的水体，一般鲤鱼喜欢弱光，喜欢在有缓慢流水的地方游动，所以在江河湖水库等地，水色深暗、透明度差的地方鲤鱼最多；

(3)鲤鱼每天有洄游的习惯，这种洄游有索饵、产卵和避温三种作用。

钓具及钓饵

(1)钓具。要求鱼竿长、钓线粗、鱼钩大。

(2)钓饵。诱饵种类繁多，可分谷食类、糟食类、粉剂、浆剂和荤饵等。

讯息传递

(1)投放诱饵后，若钓点出现少数气泡，略有间隔，说明鲤鱼已进窝。

(2)如果冒出的气泡很多，则说明水下鲤鱼已在吞食诱饵，这时垂钓者应立即下钩，下竿后若见浮漂颤动，说明鲤鱼已在嗅饵钩了。

(3)鲤鱼向深水处猛蹿，迅速腾跃出水面，向草里猛扎，伏在水底不动，在原地兜圈，则说明鱼被钩住了。

钓鱼技巧

(1)上钩的鲤鱼往深水逃窜时，要先沉住气，顺势放线，待它窜力减弱时，再缓缓收线。

(2)上钩的鲤鱼向草里扎时，尽量利用有利地形、竿的长度和弹性，把钓竿绷紧，把鱼领向开阔水域。

鲂鱼

生活习性 见图 4-4-2

鲂鱼又称“武昌鱼”，属于鲤科鱼类。它们通常喜欢在水较深、底质为泥沙、水草较多、含氧量较高的水域中活动，鲂鱼非常喜欢清洁，喜欢集群。

图 4-4-2

钓具及钓饵

(1)钓具。钓钩为小型钓钩，钓线用 5~6 磅透明胶丝。

(2)钓饵。嫩草，也可用面饵、蚯蚓、蚱蜢、小虾甚至是小鱼。

讯息传递

(1)投放诱饵后，若钓点出现少数气泡，略有间隔，说明鲂鱼已接近。

(2)如果冒出的气泡小而密，则说明水下鲂鱼已在吞食诱饵。

钓鱼技巧

(1)鲂鱼吞钩、吐钩速度比较快，在二次卧漂捧上水面时，可立即举竿拎钩；

(2)鲂鱼挣扎力弱，但由于它的唇嫩，很容易划破脱钩，因此要尽量用抄网将鱼接住，及时摘鱼。

罗非鱼

生活习性 见图 4-4-3

罗非鱼原产非洲，有非洲鲫鱼之称。罗非鱼生性迟钝，不像一般鱼那样怕惊扰，比较好钓。

图 4-4-3

钓具及钓饵

(1)钓具。普通钓具。

(2)钓饵。罗非鱼食性杂，钓饵可选择蚯蚓、饭粒、山芋、面团或红虫等饵料。

讯息传递

罗非鱼上钩后，会将钩含在口中一动不动，因此，从浮漂上反应是漂由直立变倾斜，很少上下跳动，呈拉小漂状，若是卧漂，反应则较为明显。

钓鱼技巧

钓罗非鱼时，当发现浮漂的反应后，应立即提竿，将咬钩的鱼拖出窝点，再提拉上岸，这样不至于惊散鱼群。

鲫鱼

生活习性 见图 4-4-4

(1)鲫鱼是数量最多的一种淡水鱼，金鱼的祖先就是鲫鱼；

(2)鲫鱼为广适性鱼类，在浅水、深水、浊水、清水、静水、流水、大水体和小水体中均可生存，栖息于浅水河湾与湖泊沿岸水域，生命力较强。

图 4-4-4

钓具及钓饵

(1)钓具。普通钓具即可。

(2)钓饵。鲫鱼口小，荤饵中以细蚯蚓为最佳，使用前以动物血或香精拌食喂养，另外可以选用小虾或细线虫，素饵可以用蚕豆粉、黄豆粉和面粉炒熟后，分别用带水的鱼钩裹上作为钓饵。

讯息传递

手竿钓大多采用立漂，倘若发现浮漂被慢慢送上来，并横在水面，说明钩尖已钩住鱼嘴，此时需要立即提竿，如果发现浮漂上端没有埋入水中，呈现倾斜状，同时在水草附近有逆水略浮动，则表示大鲫鱼上钩，应立即提竿。

钓鱼技巧

(1)提竿时，举竿角度 70～90 度将鱼钩住，举竿 110～150 度将鱼提到岸上；

(2)寻找鱼窝，鲫鱼的天然鱼窝可以归纳为河钓中段、塘钓水口、沟钓两头、湖钓草场，另外河岸凹凸部位、进出水口等也都是鲫鱼比较集中的地方。

青鱼

生活习性 见图 4-4-5

(1)青鱼也称黑鲩、青混、螺丝青、乌青，属于鲤科，为大型温水性底栖鱼类，多栖息在水体的中下层，一般不游至水面。食性比较单纯，以软体动物螺、蚬为主要食物。

(2)在池塘养殖中的幼鱼喜食粮食饲料，体长 15 厘米，由于后咽齿压碎功能增强，食性出现转变。2 龄前死亡率较高，食性杂，主食粮食性饵料。2 龄后，特别是体重长至 1 千克时，食性转向软体水生动物，能磨碎坚硬的甲壳后吐壳吞肉。

图 4-4-5

钓具及钓饵

(1)钓具。多采用 8 米左右的硬尖长手竿，钓线为粗尼龙胶线，鱼漂为大立漂。

(2)钓饵。成年青鱼主要以螺、蚬等软体动物为食，而人工养殖的青鱼主要吃人工配合颗粒饲料。

讯息传递

青鱼咬钩时浮漂的反应是浮漂点几下，接着缓缓地把浮漂捧起来就不动了。

钓鱼技巧

（1）撒饵多少要根据水面大小和鱼群情况，总的原则是诱饵要多，目标要大，这样青鱼容易集中，诱鱼也快；

（2）提竿注意时机，青鱼个头较大，特别容易溜鱼。

草鱼

生活习性 见图 4-4-6

图 4-4-6

（1）草鱼又名草根、混子鱼，属鲤科，是我国四大家鱼之一。它生长很快，适应性很强，是典型的草食性鱼种，以喜食草而得名，贪食，消化能力很强，个体大，在天然水域中，有的可长到 50 多千克，5～10 千克则是常见的。

（2）其主要食物是生长在陆地上和水中的草本植物，在水温 25℃～30℃时摄食量大，它抗温、耐寒，适应能力强，几乎四季皆能进食，但摄食强度不同。它对食物没有苛刻要求，饲养成本低，容易长大，所以在我国各地普遍养殖。

（3）草鱼喜欢在水的中上层巡游觅食，长大后不常进入深水层，但因比较贪食，在水草少的生活环境中有时不得不到河底觅食。因而在水草供应不足的池塘下钩钓草鱼时，比较容易得到此鱼。

钓具

（1）钓草鱼不必用太大的钩和太粗的鱼线，是因为它口部圆而厚；

（2）鱼竿应坚固，韧性好，长度视所钓水域而定，手竿和海竿均可。

饵料

（1）草鱼以植物性饵料为主食，但对动物性饵料也不拒绝，且对水中的昆虫也较喜欢。

（2）由于它觅食时一半靠嗅觉，所以应考虑采用带有浓郁香味的钓饵。它的味觉也较灵敏，因而钓饵还应兼顾鲜味。因此，带有酒、香油、复合维生素等诸多元素钓饵，对它特别有吸引力。

（3）一般多采用菜籽饼、酒糟、白酒浸小米、麦麸、酒泡碎米、青草或南瓜叶作为诱饵。

钓点

（1）水温合适的地方，适合草鱼生活的温度是 5℃～38℃；

（2）含氧量高的水域，如池塘的进水口；

（3）食物多的地方，如江河流水处的回水湾。

鲢鱼和鳙鱼

生活习性 见图 4-4-7

（1）鲢鱼和鳙鱼是主要的家鱼，生活习性相似。它们同属于上中层鱼类，喜欢合群，常混游在一起，喜温。夏季高温时节也是最活跃的时候。

鲢鱼

鳙鱼

图 4-4-7

（2）鲢鱼、鳙鱼摄食方式常常是把水中的浮游生物同水一起喝进嘴里，随后靠鳃的过滤作用，把水中的浮游小生物挡住，咽进肚里。鲢鱼喜食浮游植物，鳙鱼喜欢浮游动物。从食性来讲，鲢鱼喜欢酸味，而鳙鱼喜欢酸臭味。

（3）鲢鱼和鳙鱼生长速度较快，最大个体可达 40 千克以上，鲢鱼、鳙鱼均不耐低氧，一旦水中溶氧减少，它们会首先浮头。

钓具

（1）钓鲢鱼和鳙鱼的钓具一般有两种：一种是浮钓钓具，另一种是沉钓钓具。钓钩要用圆底阔面的大型钩，用单钩、双钩和组合钩（一般为 4～6 个）钩要大而尖锐。

（2）钓线至少要直径为 0.3 毫米左右的粗线，因为鲢鱼和鳙鱼最大的有 5 千克，甚至更大，它的力气和冲刺能力很强，而且可以连续猛烈挣扎。

（3）竿要选用结实而富有韧性的碳素纤维竿。

饵料

鲢鱼和鳙鱼有其特殊的生理构造，它们是利用鳃把滤食浮游饵食掉，很少吞食较大的食物。这类鱼的嗅觉比较灵敏，对食饵的气味极为敏感，喜食经发酵后带有酸臭气味的食物，所以钓此类鱼者要投其所好，特意制作出带有酸臭味的钓饵。

钓点

（1）根据鲢鱼、鳙鱼常在水中层活动的特点，钓点要在水位较浅的水域沿岸寻找，因为在浅水中，当钓钩和钓饵入水时，鲢鱼、鳙鱼易闻到气味而迅速去吸食。

（2）鲢鱼、鳙鱼耐缺氧的能力很差，水中氧气少，它就要浮出水面吸氧。根据这样的特点，钓点应选在池塘、湖泊的进水口和迎风通气的地方，因为这样的水域氧气充足，是它们喜欢栖息的地方。

（3）根据鲢鱼、鳙鱼喜欢栖息于肥水中的特点，钓点应在水体呈现黄色的池塘或湖泊沿岸。

黑鱼

生活习性

（1）黑鱼又名乌鱼、孝鱼等。体形圆筒状，背黑褐色，从背鳍到腹鳍有三行不规则的黑斑。黑鱼适应能力、耐低氧性、繁殖能力均很强。冬天，它们潜伏于深水，停食越冬。2冬龄性成熟，产卵期5月下旬至8月初，黑鱼的繁殖过程比较独特，一般要经历筑窝、产卵、护仔等几个阶段，在从筑窝到小黑鱼独立生活的两个多月时间里，亲鱼总是寸步不离，若受到侵扰，会奋不顾身去保护它的仔鱼。

图 4-4-8

(2)黑鱼生性凶猛，栖息于水底，多在石缝、水草、乱石中栖息或觅食，是典型肉食性鱼类，大量捕食小鱼。喜食鱼类、小虾、青蛙等，一旦发现食物，便像闪电般猛扑过去，吞而食之，故有"水中老虎"之称。黑鱼听觉十分敏锐，凭听觉觅食。

钓具

(1)钓竿。选用坚固且较粗的竹竿，以青绿的鼠尾竹最好，钓竿长度最好是7～8米。

(2)钓线。柔软的棉纶线合搓成约3.5米长的细绳，要求能经受得住10千克以上的拉力，钓黑鱼的钓线不用浮漂。

(3)鱼钩。有倒刺的圆形大钩。

饵料

钓黑鱼一般不打窝子，故不用诱饵。钓黑鱼的饵料最好是用小青蛙或泥鳅，如无法得到，也可用小鱼、大蚯蚓或小虾代替。民间也有用头发做假饵，揉成一团，拴在钩上钓黑鱼的。

钓点

黑鱼冬天极少活动，一般都藏身在石缝中，或僻静的杂草丛生处，或枯萎的叶片中，只有夏天天气较暖时才出来活动。每年的5～7月间，它要在水草茂盛的水域中产卵做窝，这时是钓黑鱼的最佳时期。

鳜鱼

生活习性 见图 4-4-9

(1)鳜鱼又称“桂鱼”，我国东北部有些地区称为花脊鱼，这种鱼背鳍既长又大，特别发达，有硬刺，肉细而嫩，味道鲜美，为鱼中佼佼者。

图 4-4-9

(2)鳜鱼体上有黄褐色深浅不一的花斑，嘴很大，下颌突出，其鳞片极细小，但嘴内牙齿尖利，性极凶猛。它属于肉食性鱼类，吃荤不吃素，以其他各类水生动物为食，常栖于水底岩石周围，捕食小鱼小虾，它的觅食方式是“守株待兔”，喜欢游动于缓流水域，属于定居性底栖鱼类，活动区域较小，喜欢清水、流水，更喜欢在有石块、石洞的地方游动。

钓具

钓竿可以使用手竿，也可以使用海竿，但以选用软梢尖子的最好。手竿长度 5～6 米，中调竿，钓线直径为 0.35～0.4 毫米，大浮力浮漂，鱼钩宜选用钩门宽的。

诱饵

(1)一般不用诱饵，只用钓饵。饵料应用动物性的，常用的饵料有小鲫鱼、泥鳅、小青蛙或小虾等。

(2)鳜鱼主要是靠视觉来摄取食物的。因此，如果想让鱼上钩快，垂钓效果好，就应该用活的钓饵，使其在水中仍能不断活动着，这样可以尽快吸引鳜鱼。

钓点

根据鳜鱼十分喜欢在洁净透明的水域，有活水以及有水草、藻类植物的溪河或池塘中生活的习性，在选择钓点时，要避免在有污泥浊水的死水处下钩，钓点应选在水域的近旁。

鳡鱼

生活习性 见图 4-4-10

(1)鳡鱼又名黄钻，体瘦长，全身呈现纺锤流线型，头锥形，吻尖长，口裂大，眼睛小，颌呈喙状，因其头部及鳃盖均呈黄铜色，故人们叫它“黄箭鱼”。鳡鱼的脊背呈青黄色，腹部为白色，尾部发达强健，尾鳍大，游动速度极快，这种鱼分布比较广，我国各地都有其踪迹。

图 4-4-10

(2)鳡鱼为中上层鱼类，性极凶恶，属于肉食性鱼类，专以各种鱼类为食，是淡水鱼的大害。鳡鱼喜欢逆水游弋，追捕各种鱼类，它视力不好，常误食木块、树枝等。鳡鱼很贪食，不分荤食、素食，见到就吃，有食就抢。这种鱼自然繁殖很快，在池塘、江河、湖泊和水库旁边或上游产卵孵化。

钓具

鳡鱼性暴烈、力量大、速度快，因此应选用钓力强的钓具，最好用海竿。

饵料

不用诱饵，钓饵可用活鱼。约 5 千克以下的小鳡鱼，可用泥鳅、鲫鱼等做钓饵，饵料鱼长 15 厘米左右，若钓 10 千克以上的鳡鱼，最好用体重 0.5 千克左右的鲤鱼。

钓点

鳡鱼贪婪，食欲旺盛，是出了名的淡水猛鱼，有“水中霸王”之称。在有障碍物的河岸旁，或有隐蔽物如桥梁、码头、堤坝的地方，以及河流的缓水区，是各种鱼类密集的地方，正是鳡鱼觅食的好地方，当然也是我们的最佳钓点。

海水鱼

海洋垂钓，对内陆地区的钓手来说，还是很向往的。内陆钓手绝大多数没有机会在海里钓鱼。生活在沿海地区的钓手，在海里垂钓的机会多些，但也仅限于滩钓、堤坝钓和礁岩钓，很少有机会乘船到大海里钓鱼。近几年来，随着钓鱼活动的广泛兴起，沿海一些城市先后开展了各种海钓活动，为许多垂钓爱好者提供了海钓的场所，也为更深入开展海钓活动打下了基础。

海鳗

生活习性 见图 4-4-11

海鳗又称勾鱼，分布较广，主要分布在我国的渤海、黄海、东海和南海等水深在 16～124.5 米的海区。其中以海南岛四周的海区较多。属于暖水性近底层鱼类，集群性差，一般栖息于水深 50～80 米底质为泥沙的海区。中午日照强，天气晴好，海水透明度大时，多栖息于泥质洞穴内。每当风浪大，水质浑浊时，多四处觅食，日落黄昏至凌晨时更加活跃。

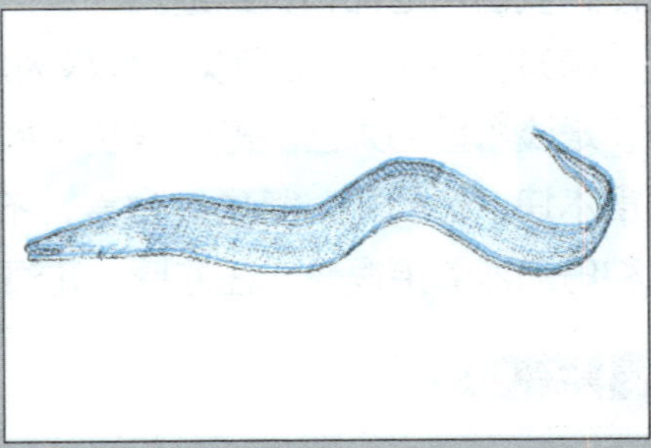

图 4-4-11

钓具及钓饵

(1)钓具。钓竿可用自制的独竹钓竿或 2 米以内钓力较大的小投竿；钓钩可选用长柄较大的海钓鱼钩，两枚最好；铅坠拴在钩的下方 15 厘米处，铅坠的大小视水的深浅而定。

(2)钓饵。喜欢吃螺肉、贝肉等荤饵，装饵时，钩尖要露在外面。

(3)钓法。定点钓和漂流底钩钓。

钓鱼技巧

选择较适合的诱饵诱鱼，在日落黄昏至凌晨垂钓最好。

鲈鱼

生活习性 见图 4-4-12

(1)鲈鱼也称鲈板、花寨，分布于太平洋西部、我国沿海及通海的淡水水体中，黄海、渤海较多，为常见的经济鱼类之一，也是发展海水养殖的品种。主要产地是青岛、石岛、秦皇岛及舟山群岛等地。

图 4-4-12

(2)渔期为春、秋两季，每年的10～11 月份为盛渔期，喜栖息于河口咸淡水，也能生活于淡水，性凶猛，以鱼、虾为食，个体大，最大可长至 15～25 千克，一般为 1.5～2.5 千克。

钓具及钓饵

(1)钓具。选择较轻的钓具，浮漂越大越好，一定用活饵，坠下单钩。

(2)钓饵。鱼饵以荤饵为主，小鱼、沙蝉、白虾效果不错。

讯息传递

发现手感提动沉重，且浮漂晃动较大，则说明鱼已上钩。

钓鱼技巧

(1)船钓时，可手拽线在 30～60 米水深处上下提动，引诱鲈鱼上钩；

(2)发觉手感沉重，则可猛一提拽，使钩扎穿鱼嘴，然后慢慢收线；

(3)如发现挣扎力强，可徐徐放线，但不可以突然收线。

带鱼

生活习性 见图 4-4-13

带鱼又名刀鱼、牙鱼、裙带鱼，为温暖性中下层集群洄游鱼类，性凶猛、贪食，主食各种鱼类、毛虾和乌贼等。带鱼喜欢弱光，白天沉至深处，夜间上浮表层，有明显的昼夜垂直移动特点。

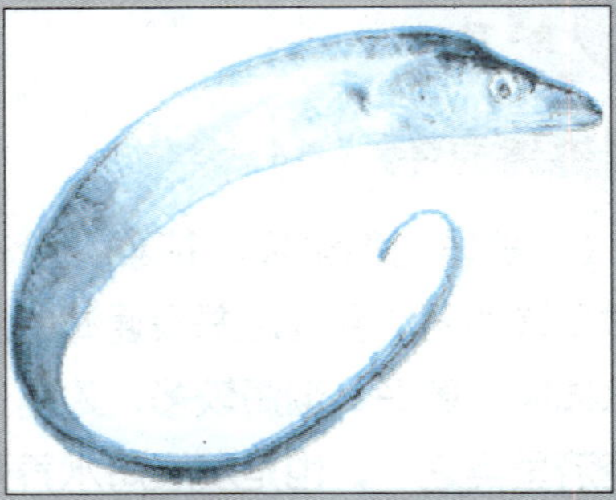

图 4-4-13

钓具及钓饵

(1)钓具。普通钓竿和钓组。

(2)钓饵。用新鲜或冷冻的沙丁鱼等，一般饵鱼 10～20 厘米长。

讯息传递

当鱼上钩时，竿梢急速地抖动或把竿梢猛拉呈弓形。

钓鱼技巧

(1)由于带鱼的生活习性所致，一般采用夜晚暗钓法；

(2)可以选择一些在水中能发光的小器械吸引带鱼。

沙丁鱼

生活习性 见图 4-4-14

(1)沙丁鱼属于鲱科小型鱼，似鲱鱼，栖于海水表层，分布广泛，北大西洋东部和地中海地区数量最多；

(2)体长可达 25 厘米，体上部

图 4-4-14

浅绿蓝色，腹面银白色，游动快，肉细味美。

钓具及钓饵

(1)钓具。普通钓具。

(2)钓饵。以小鱼、小虾及海滩贝类肉为主。

讯息传递

钓竿快速抖动，浮漂上下浮动。

钓鱼技巧

(1)可船钓、岸钓，也可抛竿；

(2)由于它栖息于海水表层，所以垂钓时一定要保持周围环境安静。

第五章　影响垂钓的因素

不同的鱼类有不同的生活习性，不同的季节、气候对鱼类的活动有很大的影响，不同的水体又有不同的水情，了解这些知识对于垂钓有很大的帮助。

第一节 鱼与水

鱼类活动状态与摄食状态乃至生长与发育，受外界环境因素的影响很大，俗话说："鱼儿离不开水。"可以通过水情来判断鱼的栖息情况，从而保证垂钓质量。

观察水色

(1)水色浑而不浊，表明水色好、肥瘦适中，鱼儿在这样的水体中感觉舒适，食欲也好；

(2)水体呈褐色泥浆，则过于浑浊，表明鱼儿视觉受阻，难以发现食物；

(3)水体绿褐色，说明水质太肥，水中缺氧，鱼儿憋闷难受，不愿意吃饵；

(4)水体呈黑紫色，说明污染严重，鱼儿性命难保，不可能有食欲；

(5)水色过清，透明度高，容易惊扰鱼。

从水面反应判断

(1)看波纹，有鱼游动就有波纹；

(2)看水草，水草残缺则说明有鱼；

(3)看气泡，水面星子多则说明鱼多；

(4)看水花，水花多且大说明鱼多且大。

水温对垂钓的影响

温水性鱼类

温水性鱼类最适宜在水温 15℃～30℃生活，水温到 30℃以上时，便避入深水凉爽水域，不爱进食；到 40℃以上，会热死；而在 10℃以下环境中，会食欲减退，停止生长；至 4℃以下，多数停食冬眠。因此，钓温水性鱼类的最佳水温应该是在 15℃～30℃。

暖水性鱼类

暖水性鱼类一般在水温 30℃～50℃时食欲最旺盛，生长繁殖最快，这时也是垂钓的最佳时机；当水温降到 20℃以下时，食欲便减退，行动缓慢，不生长，不繁殖；如果水温降至 15℃以下，则会死亡。

冷水性鱼类

冷水性鱼类在 20℃以上会感到炎热难当，游往冷水区；而 4℃～15℃的水温是它们生长最旺盛的时候，也最容易猎取。

水的涨落对垂钓的影响

涨水应钓滩，落水则钓深。当水位上涨时，水中溶氧量增加，鱼显得活跃。而上涨的水淹没的浅滩、稻田等使鱼吃食活跃；当水位跌落时，鱼便洄游深水区。

第二节 鱼与气候、气象

气候和潮汐与鱼的生活有密切的联系。准确地掌握好它们的变化情况，做好垂钓的充分准备工作，就能收到理想的垂钓效果。

鱼与气候

鱼类属于变温动物，气温和水温的变化，对鱼的活动和食欲都有直接的影响。各种鱼类也都有它生长的适宜温度，高于或低于这个温度对鱼的生活就有一定的影响，甚至是死亡。而温度是随着季节的变化而变化的，鱼类在春季气温升到 10℃以上时开始进食，随着气温的升高，食欲逐渐旺盛。春末夏初和秋季，气温在 20℃以上，为食欲高峰。盛夏天气过热，食欲略差。如果水温达到 30℃以上时，鱼便停食，躲藏在深水区避暑。秋季水温适宜，是鱼类摄食的第二个高峰。入冬水温下降，除个别鱼种外，大多数进入休眠和半休眠状态。

春季

春天是大多数鱼类由冬眠复苏的季节，所以觅食也特别频繁。每年的 3～5 月是我国大多数地区垂钓的黄金时期。但初春的天气还较寒冷，水温尚低，只适宜钓鲫鱼。适宜垂钓的天气是晴，多云或者连续多日阴天，以晴天为佳。

雨天不适宜垂钓，因为此时下雨大多伴随着寒潮侵袭，气温大幅度下降，鲫鱼因为畏寒而减少游动和摄食，不爱咬钩，因此，不适宜垂钓。

夏季

在盛夏的酷热天，如果突然一场短时的暴雨伴随着冷空气袭来，空气随之十分清新，人感到神清气爽，此时垂钓，鱼很容易咬钩，垂钓会得到不小的收获。如在大水域垂钓，还可钓获预想不到的大鱼，但这种天气很短暂，最多一天或者半天，垂钓者万不可失此良机。

秋季

垂钓的第二个黄金季节要数秋季。随着水温逐渐下降，至中秋时分，垂钓就应选择多云天气或秋季，钓草鱼的最好天气仍然是晴天，多云天差些。但因水温逐渐降低，草鱼便逐渐向下层转移，应采用半浮或钓底为好。深秋时节，温度逐渐下降，是不利于钓草鱼的。

冬季

冬季的雨天最不适宜垂钓的，因下雨使水体更加寒冷，迫使鱼少食少动，尤其是寒潮侵袭的强降温的雨天，鱼会不食不动，此时，垂钓不会有什么收获。但是，大幅度降温之前却是垂钓的最佳时机。寒潮来临前的几日，多是晴朗或多云的天气，气温逐渐缓慢升高，当人们赶到有些暖意时，即是寒潮来时的征兆。这时垂钓，鱼会频频咬钩，收获可喜。

鱼与天气

鱼类对天气的变化有灵敏的反应。随着气温、气质、风向、风力等的变化，鱼活动规律也会发生变化。

正常天气

早晨，鱼类为了觅食而溜边，形成了鱼类进食的高峰。随着太阳的升高，鱼类的游区由岸边逐渐移向深水。

阴雨天气

小雨连绵，无阳光照射，水温日夜变化较小，深浅水全天都可以垂钓。雨水较大时，虽增加了垂钓的困难，但地面的流水裹着大量的昆虫及虫卵等，为鱼类提供了丰富的新鲜饵料。

多云天气

空中时阴时晴，水里忽明忽暗，如果前几天是阴雨天气，忽然雨停，则是垂钓的好天气。

雷雨天气

鱼在少氧的水中难忍而不安，只好把头伸到水面或整个身体跃出水面，这时是没有心思吃食物的，因此“不钓雷雨前”。

风天

垂钓者要选择背风小浪的上风头较有利。风对钓鱼有利也有弊，如果掌握其规律，灵活运用钓法，也不会空手而归的。

第三节 垂钓须知

垂钓能促进身体健康，有利于延年益寿。但如果掌握不好，或对一些问题认识不到、处理不当，也会伤害身体。

垂钓地点的选择

垂钓爱好者可能都有这样的感受，外出一天毫无收获，特别是到一个新的地方去垂钓，明明前几天看见别人钓上鱼来，自己一去却空手而回。经验证明，选好钓场是能否有较大收获的一个重要条件和保证。

选择钓场，先要熟悉当地的水域情况、地理环境和鱼源等，这也是一门科学，涉及的知识面较广，概括起来有四个字：看、闻、听、问。鱼活动的主要目的是寻找食物。随着水体情况，季节与温度变化，各种鱼类都有一定的活动规律。选择钓位，就是确定在鱼类觅食、栖息、活动的地方下钩，做到有的放矢。我国沿海岛屿星罗棋布，全国 500 平方米以上的岛屿有 6500 多个，岛岸线长达 14000 多千米。在这里栖息着 500 多种鱼类，它们体态多姿、颜色鲜艳、肉质细嫩、营养丰富，为我国广大垂钓爱好者提供了理想的钓场。

安全垂钓须知

垂钓，虽说是一项有益于身体健康的体育活动，但一般要走较远的路，有时还要披星戴月，如果不注意自我保护，不仅不能健身，有可能影响生命和健康。要使垂钓真正有利于身体健康，垂钓者要做到以下几点：

(1)讲究饮食卫生；

(2)备好常用药品；

(3)防止跌落划伤和溺水事故；

(4)注意保护皮肤和眼睛；

(5)防止雷击、避免电击；

(6)谨防蚊虫叮咬。

文明垂钓须知

尊重他人

尊重管理人员和养鱼户，如果到一个陌生的地方或场所进行钓鱼，必须先了解一下这里的鱼塘、水库、湖泊是否可以进行垂钓。例如：承包的水面一般都写有牌子或者在水面上投放树枝、铁丝网。有的鱼塘允许垂钓者钓鲫鱼、黑鱼、甲鱼等；也有的是开放鱼塘，什么鱼都可以进行垂钓。因此，每到一个陌生的环境都要首先了解是否允许钓，允许钓什么样的鱼，怎样收费等问题。

人际关系

处理好垂钓与家庭及工作的关系，同时也要注意钓友之间的团结友爱。

爱好垂钓的人不只是离退休的老年人，不少垂钓者都有自己的工作和家庭，不能因为垂钓而影响了正常的工作时间和陪伴家人的时间。钓鱼作为业余爱好，目的是使紧张的生活得到充分的放松，使业余生活更加丰富多彩，使工作的精力更加旺盛，不能使工作受到严重的影响。

严禁垂钓珍稀鱼类

国务院颁布的“水产资源保护条例”“保护珍贵稀有野生动物的通令”针对我国珍稀水生野生动物做出了明确的规定。绝对禁止垂钓的鱼类有：白鳍豚、白鲟、中华鲟、扬子鳄和大鲵等。

第六章　比赛规则

制定各项运动的比赛规则，有助于比赛参与者了解运动规则的基本知识，以使自己在比赛过程中游刃有余地发挥技术水平。比赛观赏者也只有在了解比赛规则的前提下，才能够充分体验观赏比赛的乐趣。

本规则适用于淡水放养水域的垂钓比赛。比赛水域的鱼种，一般以鲫鱼、鲤鱼、草鱼和鳊(鲂)鱼为主，其次为青鱼、罗非鱼、鲇(鲶)鱼、鲢鱼和鳙鱼等。

第一节

比赛方法

参赛选手要按照一定的方法进行比赛，并须遵循一定的规则，以使比赛有序进行。

比赛项目

这里主要介绍手竿比赛和抛竿比赛两种。

手竿比赛

手竿比赛可从下列项目中选定：

（1）“总尾数”；

（2）“总重量”；

（3）“单尾重量”；

（4）“单品种总尾数”；

（5）“单品种总重量”。

抛竿比赛

抛竿比赛可从下列项目中选定：

（1）“总尾数”；

（2）“总重量”；

（3）“单尾重量”；

（4）“陆地抛准”。

比赛方式

每个比赛项目由三名运动员组队参赛，分三个赛区进行，每个赛区比赛一般不少于 2 小时。每个赛区比赛结束后轮流交换场地。

比赛程序

(1)运动员报名后如需更换，应经组织委员会同意，不得冒名顶替。运动员资格由组委会审查。

(2)运动员到达赛场后，不得擅自进入赛区，应及时向检录处报到，准备抽签；抽签后由巡检裁判员带入赛区，进入钓位。

(3)运动员进入钓位做赛前准备时，由巡检裁判员核对比赛证、登记钓位，对钓具、钓饵进行检查。

(4)比赛开始信号，由总裁判长发出。比赛开始信号发出前，运动员使用的竿、饵等钓具一律不准入水。

(5)运动员的钓位，不得擅自更换，如需更换，经裁判长批准后，方可调换钓位。运动员在比赛期间如需离开钓位，须经裁判员同意。

(6)运动员的钓具、钓饵一律自备。不准使用锚钩、连体钩和有毒鱼饵。

(7)运动员的垂钓点是钓位号的正前方。如钓上大鱼，鱼可越位，运动员不许越位。

(8)运动员一律自钓自取，独立操作。

(9)比赛结束信号发出后，运动员应立即收竿，鱼护一律不得移动或提出水面，在原地等候裁判员记录成绩。

(10)在比赛结束信号发出的同时，如钩上有鱼，允许在10分钟内抄取入护，过时不计成绩。

比赛要求

手竿比赛

(1)竿长在2.7～6.3米之间，线长不得超过竿长0.5米，线的一端必须固定地牢结在竿尖上，鱼钩不超过2只，线、钩规格不限，拴法不限，但严禁使用连体钩或锚钩。垂钓比赛提倡使用无倒刺钩。

(2)鱼饵必须挂在鱼钩上，其大小不得超过2厘米。

(3)比赛规定一竿、一线入水。

(4)比赛不准抛投诱饵。

(5)比赛不得用钓竿击水、妨碍他人。

抛竿比赛

(1)竿长不得超过 3.9 米，视水域大小和鱼的密度，可以使用 1～2 支钓竿，鱼钩每竿不得超过 8 只。

(2)钩坠抛投落点与岸边距离不得少于 20 米；若落点偏离本钓位时，应主动收回重抛。

(3)比赛中原则上不得挂漂、挂铃。

陆地抛准比赛

(1)竿长不得超过 3.9 米，铅坠重量不限。

(2)设一投掷线为起点，与投掷线垂直距离 60 米处为圆心，5 米为半径画圆，圆心插一面小红旗作为明显标志，每次抛投以离圆心的距离测定成绩，采用正积分法计分，铅坠落点在圆心为 100 分，落点在圆以外为 0 分。

(3)比赛以三次抛投的得分相加计算成绩。有下列情况之一者不计成绩：

①抛投时脚踩起投线；

②抛投时断线飞坠；

③裁判员未发出抛投信号即行抛投。

成绩计算

垂钓比赛的成绩以运动员在三个赛区的名次分相加得出。

名次分计算

名次分的计算方法为：第一名得 1 分，第二名得 2 分，依此类推。

成绩设置

垂钓比赛可设个人手竿赛成绩、个人抛竿赛成绩、个人陆地抛准赛成绩、个人总成绩和团体成绩。其中，个人总成绩以手竿赛、抛竿赛两项名次分相加得出；团体成绩以每队三名运动员手竿赛、抛竿赛名次分相加得出；陆地抛准比赛不计入个人总成绩和团体成绩。

第二节 裁判方法

在比赛过程中，裁判人员通过履行其职责，进行正确的裁判工作，来保证比赛的公平、公正。

裁判人员

比赛现场的裁判工作，由总裁判长和副总裁判长负责领导实施，下设分区裁判长、副裁判长及裁判员。裁判员分巡检裁判员、司磅裁判员、记录裁判员。裁判工作必须严肃、认真、公正、准确。裁判员与参赛运动员人数的比例不小于 20%。

犯规与处罚

对违反规则的行为，分别采取下列处罚。

警告

运动员无意犯规或对本人和他人比赛成绩未造成影响者，对其作出警告。

扣分

运动员通过犯规对本人或他人比赛成绩造成轻微影响者，第一次扣该场比赛成绩的 20%，第二次扣 40%，第三次取消该场比赛成绩。

取消该项比赛成绩

运动员有意犯规并对本人或他人比赛成绩造成严重影响者，取消其该项比赛成绩。

取消比赛资格

运动员作弊、冒名顶替、弄虚作假、故意投放有毒有害刺激性鱼饵、故意干扰他人比赛、不服从裁判或无理取闹者，取消其比赛资格。

附录

垂钓渔谚集锦

1. 钓饵谚语

鱼饵不对路，十至八九空。

雨季鱼靠边，撒米应撒边。

钓鱼饵料有讲究，鲫鱼鲤鱼食蚯蚓。

青鱼爱吃田螺肉，黑鱼饵料用青蛙。

夏季鱼找食，冬季食找鱼。

春荤、夏素、秋香、冬甜。

饵料对了口，鱼群跟着走。

曲酒泡小米，鱼儿都喜欢。

酸甜带酒香，诱惑难抵挡。

酒糟诱饵水里送，鲫鲤闻见走不动。

垂钓到新地形，多下几窝探鱼情。

若想钓获鱼不少，诱饵虚实搭配好。

要让鱼——来得快、到处找、吃不饱、跑不远。

首次打窝为集鱼，饵料要下密；后续补窝为留鱼，饵料要下稀。

轻施诱饵勤补窝。

上鱼逐渐稀，补窝莫忘记。

钓到大鱼搅水波，抓紧时间快补窝。

上鱼好时莫补窝，当心惊走“这一拨”。

鲤鱼爱香甜，鲢鳙爱酸臭。

冬春荤食好，夏秋素饵佳。

冬钓用荤食饵，红虫是“撑门儿”。

十一月初用红虫，一直钓到五月中。

夏钓野河蚯蚓佳，各种鱼儿都吃它。

水肥天热用淡食，水瘦天亮配香饵。

塘鱼爱面食，野鱼认蚯蚓。
一番江水一番鱼，一方鱼吃一方饵。
清水用素饵，浑水用荤饵；静水用素饵，流水用荤饵。
钓鱼不喂窝，多半是空篓。
肥水出懒鱼，瘦水出饿鱼，深水出怪鱼。
一条蚯蚓钓十条鳗鱼。
舍不得孩子套不着狼，舍不得香饵钓不着鱼。

2.钓具谚语

直鱼竿、细鱼线，快钩穿饵不露尖。
竿长竿长，敢斗鱼王。
鱼小钓钩大，鱼儿难吞下。
鱼大钓钩小，容易脱钩跑。
钓线过粗，反应迟钝上鱼疏；钓线太细，断线跑鱼要叹气。
明水远钓竖漂好，操我近钓馓浮妙。
坠小浮漂轻，上鱼快又灵。
射箭看靶，钓鱼看漂。
若要钓鲫获丰收，细线清坠加小钩。
冬春脑线宜短，夏秋脑线宜长。
钓小鱼脑线宜短，钓大鱼脑线宜长。
一眼难看两行书，一竿难钓两条鱼。
尖钩挂精饵，多半不落空。
未雨先修房，未钓先磨钩。
绳子松紧难捆绑，钓线松劲鱼宜逃。
鱼线一寸不牢，丝长万丈无用。
平时勤修竿线，钓时鱼儿难逃。

3.钓技谚语

钓到大鱼心不慌，放线遛鱼莫紧张。
放长线，钓大鱼。
不知深浅，切莫下钩。
慢提轻轻动，鱼儿上钩勤。

钓鱼上虾，趁早搬家。

挪挪窝，钓得多。

水下小鱼多，大鱼不在窝。

出门看天色，钓鱼看水色。

清水如镜，钓鱼不灵；水像泥浆，钓鱼泡汤；不清不混，钓鱼正好。

清沉、浑漂；寒沉、暖漂；阳沉、阴漂；阴沉、阳漂。

钓鱼不钓鲫，不要吹牛皮；钓鲫钓得好，其他不用急。

鱼塘里钓鱼，不算真本领；流水里钓鱼，方显真功夫。

钓鱼面对风，鱼竿微微动。

春钓东南风，秋钓西北风。

钓鱼看天时，大多能取胜。

雨后鱼靠边，打窝不打远。

春钓草，夏钓早。

大风钓大鱼，小风钓小鱼，无风不钓鱼。

宁钓下风，不钓平静。

霜下东南风，十钓九放空。

西南风，钓两头。

钓顶风，钓浪口。

牵网走上风头，钓鱼蹲下风头。

霜打东南，趁早回转。

钓鲤要守，钓鲫要走。

钓鲫钩饵要动，钓鲤钩饵要静。

窝中有龙虾，劝君快搬家。

小鱼啄食动静大，大鱼咬钩动静小。

小鱼闹、有鱼钓，大鱼到、小鱼逃。

浮漂动得急，窝中无大鱼。

小鱼闹、大鱼到，耐心等待莫烦躁。

大鱼不到小鱼闹。

闹窝小鱼忽安静，大鱼已经把窝进。

小鱼惊跳，大鱼快到。

小鱼先进窝，大鱼后进窝。

水底冒泡泡，必有鱼儿到。

水响鱼儿多，良机莫错过。

清水无鱼，浑水摸鱼，不清不混好钓鱼。

水底青苔多，钓鱼没汤喝。

活水钓死，死水钓活。

浅中钓深，深中钓浅。

深浑易钓近，清浅易钓远。

水清捉螺蛳，水浑钓大鱼。

深水钓大鱼，浅水钓鱼苗，不深不浅好钓鱼。

水涨钓浅，水退钓深，水浑钓浅，水清钓深。

涨水的鱼，落水的虾。

钓鱼不可死等，东河没鱼西河走。

一只蟹吓跑满窝鱼。

混子围攻，鱼篓必空。

送漂闷漂较常见，此时提竿要果断；拖漂截漂鱼吞钩，连续颤漂别傻看。

浮漂升、沉、移，提竿莫迟疑；下钩漂下沉，提竿别走神。

鱼有鱼道，鸟有鸟道，找准鱼道，连连上钓。

不叫鱼儿脱钩走，提竿瞬间把腕抖。

钓鱼百技，关键是提竿一瞬。

刨树要刨根，拿鱼要拿头。

先撒窝子后钓鱼，脚步轻灵慢慢提。

钓着鱼后线莫松，一松多半要落空。

水清无鱼至。

钓鱼常洗手，鱼儿勤上钩。

天合地合人谋合，风顺雨顺钓鱼顺。

大鱼上钩莫慌张，迅速挺竿前上方，保持弹性借惯性，牵引水域应空旷，八字遛鱼多反复，见机拖水把水呛，只待鱼翻了白，网抄上岸有保障。

中钩之鱼钻了草，此时硬拽必糟糕，首先镇定沉住气，挺住鱼竿线绷牢，频将手腕轻轻抖，令其疼痛动不了，不久鱼躁自调头，随机拎出便得到。

4.钓时谚语

雨前雨后鱼活跃，适时下钩为最好。

狂风暴雨不出钓，雨过天晴再钓鱼。

钓翁钓翁，勿钓南风。

春钓雨后早中晚，夏钓雨后满塘欢，秋钓雨后钓中间，冬钓雨后回家玩。

风和日丽钓全天，烈日炎炎钓早晚，夏末秋初钓阴雨，雷雨过后钓新鲜。

春钓鲫鱼夏钓鲤，春梅时节钓白条，夏秋之际钓草鱼，冬季收竿莫下钩。

日晕三更雨，下晕午时风；日晕好钓鱼，月晕一场空。

春钓阳光照，冬钓晌午头，夏钓早和晚，秋钓全天候。

早钓鱼，晚钓虾，中午钓泥巴。

早钓鱼，晚钓虾，中午钓个大王八(甲鱼)。

早点太阳红，晚钓鸡上笼。

早上钓黎明，晚上钓黄昏。

宁钓早晨一刻，不钓中午半天。

早晚好钓鱼，中午钓个丝网皮。

春钓雨雾夏钓早，秋钓黄昏夏钓草。

春雨满塘鱼，夏雨不上钩。

春雨吃钩快似箭。

西风要到西，钓鱼切勿守。

宁钓日落后，不钓雷雨前。

无月钓鲶，有月钓鲤。

月明不钓鲶，月满可钓鲤。

昼钓鲫，夜钓鲶，鲤鱼垂钓在深潭。

大麦鱼，钓鱼忙。

一日三迁，早晚钓边。
梅雨钓鱼，越钓越喜。
三伏天，钓王八。
三月三，鲫鱼上河滩。
阳春三月好钓鱼，霜降前正捉鳖。
冬至不停钓，等于瞎胡闹。
过了谷雨，百鱼近岸。
清明到谷雨，越钓越欢喜。
清明前后，鲫鱼抢食；小满时节，大鱼上钩。
清明鱼开口，寒露鱼封口。
惊蛰鱼儿动，鲫鱼吃饵勤。
雪前钓鱼，雪后拥炉。
秋钓霜降后，冬钓下雪前。
夏钓西风，四季钓北风。
春钓阳、夏钓雨、秋钓全天、冬钓午。
清明一滴水，河里一条鱼。
春钓桃花开，秋钓桂花鱼。
杨柳飞絮，正好钓鱼。
草变青，鱼儿新；草变黄，鱼儿壮。
人穿棉袄鱼不动，人穿夹袄鱼儿动，人穿单衣鱼直蹦。
溪水响动，鱼儿活动；溪水流动，鱼儿欢动。
雨后放晴，钓鱼早行。
阴雨钓鱼，越钓越喜。
大雨过后好钓鱼。
雨后鱼靠边，切莫用长鞭。
下雪前夕好钓鱼，雪后刮风回家去。
夕阳西下，钓鱼最佳。
夜钓寒冷，劝君莫等。
雨下雨后鱼活跃，此时下钩最为好。
和风细雨，鱼儿贪食。

雨后放光，给钓鱼帮忙。
雨后放光，给钓鱼辰光。
下雾不下雨，雾后再钓鱼。
冬天大雾，不好钓鱼。
夜钓水寒鱼不食。
5.钓点谚语
春钓滩，夏钓潭，秋钓阴，冬钓阳。
春钓深，冬钓清，夏秋池水黑阴阴。
夏钓浅，冬钓深。
早钓近，午钓远。
深水大鱼到，浅水钓鱼苗，不深不浅钓鱼好。
深水钓边，浅水钓渊。
上午钓西，下午钓东。
水库钓沟汊，浮钓要靠坝。
大河鱼多，小河虾多。
河边水腥气，钓鱼好运气。
刮风钓风脚，下雪冷流间。
鱼儿顶浪游，钓者要迎风浪口。
钓鱼不钓草，多半是白跑。
人穿袄，鱼穿草，冬日草窝钓鱼好。
草角、银边、金中央。
茅中钓透，透中钓茅。
有草钓无草，无草钓有草。
多草背向风，无草面向浪。
桥墩旁，是渔场。
洗菜处，淘米点。
方钓角，长钓腰，不方不正把回游找。
两边有跳中间钓，中间有跳跳头钓。
春钓湖头，冬钓湖尾。
两天鱼靠边，切莫甩长线。

钓鱼怕参观，避开马路边。

涨水钓河口，落水钓深潭。

春钓上游，秋钓下段。

急流钓边，缓流钓弯。

天热钓流水，天冷钓深水。

鲫鱼耕钓在深潭。

长钓腰，方钓角，圆池钓中央。

长坝钓腰，大坝钓梢，圆坝钓中央。

选锌尖，钓半岛，陡坡下面钓鱼好。

宽钓窄，窄钓宽，不宽不窄钓中间。

混水钓鲤，绿水钓草，清水钓鲫，活水钓鳊，风浪钓鲅。

春天鱼儿满塘奔，夏天鱼儿深水躲，金秋时节小阳春，冬天滩边来翻身。

春季发水走上滩，夏季炎炎柳阴潜，秋季凉了入水底，冬季天冷钻泥潭（指甲鱼）。

春钓桃花水，夏钓大深潭，秋钓阴凉处，冬钓背风向阳钻冰眼。

坝钓码头港钓尾，排洪闸上钓两边，暴雨过后钓上游，水库湖波钓沟汊。

黄河水势浪滔天，水走之字不走边；上下左右前后流，唯有坝后是钓点。